伟 大 的 思 想
GREAT IDEAS

03

致死的疾病
THE SICKNESS UNTO DEATH

〔丹〕索伦·克尔凯郭尔　著
张祥龙　王建军　译

商务印书馆
The Commercial Press

THE SICKNESS UNTO DEATH
by Søren Kierkegaard
Selection copyright © Penguin Books Ltd
Cover artwork © David Pearson
Simplified Chinese edition copyright © 2023 by The Commercial Press in association with Penguin Random House North Asia. All rights reserved.

"企鹅"及相关标识是企鹅兰登已经注册或尚未注册的商标。未经允许，不得擅用。
封底凡无企鹅防伪标识者均属未经授权之非法版本。

涵芬楼文化 出品

✈ 译者序

《致死的疾病》是索伦·克尔凯郭尔（S. Kierkegaard，1813—1855年）最重要的著作之一，于1849年7月出版于丹麦的哥本哈根。在克尔凯郭尔以笔名发表的著作中，此书属于最晚出的那一批，可以视为他思想最成熟期时的代表作，克尔凯郭尔本人十分看重它。

此书分为两部分，第一部分的标题为"致死的疾病是绝望"，主要探讨"绝望"（despair）的含义和它在人生中表现出来的各种形态；第二部分题为"绝望是罪"，主要分析作为罪的形态的绝望。可见，在这本书中，绝望代表一个关键性的思路。对于克尔凯郭尔，只要人还没有获得信仰，就处于这种或那种形式的绝望之中，尽管他的生存境况从表面上可以显得很正常。换句话说，绝望是对于人类迄今所处的绝大多数生存形态的刻画。克尔凯郭尔关于人的美学境界和伦理学境界的分析为此论点做了有力的铺垫。然而，他不满足于从心理学和人类学角度来阐发它，因而在此书的一开头就通过讨论"自我"的含义而对于绝望做了形式上的分析。

克尔凯郭尔指出，"自我"意味着在关联中发生的自身与自身的关联，因而只能是一种肯定性的而非否定性的"综合"，比如有限与无限、暂时与永恒、自由（可能性）与必然的综合。作为肯定性的综合，这自我在与自身发生关联中就一定会使自身与另一个他者发生根本性的关联；而且，这他者只能被肯定性地理解为这整个自身关联的建立者。这样，我们看到，克尔凯郭尔的自我观与黑格尔的主体观有根本的区别。它不是实体性的，利用辩证的"关联"而发展自身，而是纯关系的，因而从根本上是开放的（能与"虚无"打交道的），并被这关联致命地构成或建立着。

可见，在这自我与它的建立者之间或就在这自我之中（因为它本身只是两极之间的综合，并必然关联到他者），有一种微妙的平衡关系或相互构成的关系。偏于任何一边，不管是偏于自我还是他者，或偏于有限与无限、暂时与永恒、自由与必然这些对子中的任何一边，都会导致一种"错误关系"。而绝望就是指"那自身与自身发生关联的综合关系中的错误关系"。由于自我不具有任何实体性而纯在自身关联中被建立，它在自身中就找不到任何关于这微妙平衡的观念标准，并因而几乎是不可避免地要滑向某一边。不管它滑向哪一边，都会陷入绝望，而当它想靠抓住两极中的某一极（人的感性和理智只能这么做）去避免绝望时，就势必更加失衡而陷入更深的绝望之中。然而，可以看到，处于绝望之中就意味着以一种失衡的方式处于自我与他者的关联张力之中，因而潜在地更有可能意识到这种关联。所以，当一个人的绝望越具有自身关联性时，这绝望就越被强化，人也就越痛苦，但也越有可能更清楚地意识到这绝望的真正含义，并因此而越接近拯救的可能。如果他最终意识到一切以现成性为前提的努力都无意义，并因而完全彻底地要依凭于那在自身关联中建立他的力量而成为自身的话，他就会或才会从绝望中解脱出来，获得真正的信仰。

这样一个自我观和绝望观是这本书的思想中枢，一切论述都是由此展开的。正是由于自我在自身关联中与他者关联并被建立，才可能有两种错误关系或绝望："不要是其自身"和"要是其自身"。前者偏离开了自我的一极，后者偏离开了他者一极。而且，这两种最重要的绝望可以以不同方式体现于其他的绝望形式中，这些绝望也都是由于"缺乏"了维持平衡所需要的某一极（比如有限性、可能性等等）而引起的。正是由于自我与他者的微妙平衡和根本性的开放性，许多绝望现象或绝望结构才是可理解的，比如一个人的自我意识就一定与那建立了此自身关联者有关。如果这建立关联者被视为尘世之物，比如财产，那这人的自我意识就比较弱，他陷入的绝望也就比较低级。如果这自身关联的来源被视作他的恋人、他的家庭、他的人格一致性，那么这自我意识以及有关的绝望状态就越来越被强化了。如果这关联的建立者被视为上帝，那么这自我意识就被无限地强化，而在这种情况下还不与这建立者达成和解的意识就处于"罪"（sin）之中，不管它要不要成为其自身。所以罪中一定包含了违抗（defiance）和冒犯（offense）。违抗意味着意识到了上帝或在上帝面前而仍然坚守他的现成自我性。冒犯则意味着不接受基督为罪的赦免者，不承认人与神有着质的不同，因而被基督声称他有权赦免人的罪而冒犯，并以这种方式冒犯基督。这样，在罪中持续或不脱开罪的生存本身就是在犯新的罪，因为意识到了最终的自我建立者而仍固守一个封闭的自我及其绝望状态就是在犯最大的新罪。这里我们看到"时间（持续）本身"在一个终极形势中的构成力量。

由此亦可看出，克尔凯郭尔对于"个人性"和"特殊性"的强调只是一种突破黑格尔和传统西方哲学的手段或方式；他的思想不能被简单地归结为以个人主体性为终极实在的主体主义，而是更近于一种在人的实际生存中实现出来的个人自我与建立它的他者之间的平衡论或相互构成论。这是一种在探求信仰的思想特点时达到的非概念的中道观。因此，克尔凯郭尔的思想并不像它表面上或它（有时）生硬的表达方式所显示的那样是一种完全的反理性主义，它反对的或"冒犯"的只是以黑格尔为代表的概念理性主义，而它本身对于自我和信仰确有一种更深的非现成领会，而这种领会是有构成意义上的理性或理路("启示"或"开启"的原本含义)可言的。"致死的疾病"是绝望,但这绝望是可治愈的,即被"基督"代表的那样一种人与神、有限与无限、我与他之间微妙平衡的发生状态("复活和生命")所治愈。

本书发表时用的笔名是"安提-克里马库斯"(Anti-Climacus),将它译为"反克里马库斯"并不完全合适。按照H. 洪(Hong)的看法,"安提"(Anti)在这里并不意味着"反对",而意味着一种等级上的"在前"或"先于"。克尔凯郭尔在发表《哲学片段》(1844年)和《非科学的最后附言》(1846年)时所用的笔名是"约翰尼斯·克里马库斯"。在那里所表达的更多的是一种从哲学角度而非有明确的终极关切的基督徒角度而做的分析,因而与"安提-克里马库斯"的"为了使人受教益和得醒悟"(《致死的疾病》的副标题)而进行的关于绝望和信仰含义的直接探讨不同。克尔凯郭尔将克里马库斯所表达的思想境界视为比较低的,而将安提-克里马库斯所表达者视为相当高的,甚至高过了他本人实际上所能达到者(这也是他在长时间的思考后最终还是决定用笔名而非真名发表这本书的一个原

因)。他这样写道:

> 约翰尼斯·克里马库斯和安提－克里马库斯之间有数个共通之处,但他们的区别在于约翰尼斯·克里马库斯将自己置于相当低的地位上,甚至说他不是一个基督徒,而人们可以察觉到安提－克里马库斯自视为一个处于极高层次上的基督徒。……我认为我自己所处的地位比约翰尼斯·克里马库斯高,而比安提－克里马库斯低。[1]

此书的第一部分由王建军译出,第二部分由张祥龙译出,张祥龙详细校定和修改了第一部分的译文。袁湘南先生和张德嘉女士承担了本书的文字打印工作,译者在此对他们深表谢意。

张祥龙　王建军

---

1. 引自洪的英译本,第xxii页。

目 录

前　言　　　　　　　　　　　　　　1
导　言　　　　　　　　　　　　　　5
第一部分　致死的疾病是绝望　　　　9
第二部分　绝望是罪　　　　　　　107

主啊！给我们以弱眼
去看无关紧要之事，
　　赐我们以明眼
　　去识您的全部真理吧！

前　言

许多人可能发现这种"解说"形式很奇怪：对他们来说这种形式似乎过于严格以至于缺少教益（upbuilding）；可〔另一方面〕[1]它又过于强调教益，以至于缺少学术上的严格性。对于后者我没有什么可说的，就前者而言恕我不能同意。如果这种解说形式真的过于严格，以至于缺少教益的话，我就会将它视为一个缺陷。当然，这种解说不一定能对每个人都有教益，那是因为并非每个人都能去遵从它。至于这种解说形式是否有教益性，则是另一回事。从基督教的观点看来，任何事情都应该有教益，

---

1. 译文中的六角括号及其中内容为译者所加。——译者［本书注释均为译者注，后不另注］

那种完全不具教益的学术性和科学性恰恰是非基督教的。基督徒所必做的每件事情中都有这样一种特性，它类似于医生在病床前的说话方式；虽然只有医学专家才能理解这医生所说的话，但这样一个在病人床边的境况是绝不应被忘记的。正是基督教与人生的关联（相对于学术与人生的脱离）或基督教的伦理方面构成了它的教益性之所在。并且它的表现方式不管在其他意义上是如何严格，却从本质上完全不同于科学性和学术性的"冷漠的"表现方式。从基督教的观点看来，科学与学术的高傲的英雄性与真正的英雄品性相距甚远，其表现的只是一种非人性的好奇心而已。只有基督教的英雄品性（当然，它是罕见的）才〔使人〕真正敢于去成为自己，成为一个单独的个人，一个独对上帝、独自承担巨大的紧张和责任的完全特殊的个人。但是，受制于一种关于人的抽象观念，或以世界历史为题来做奇妙的游戏[1]，却绝不是基督教的英雄品性了。所有基督教的知识不论其形式如何严格，都应该是有所关切的，而这关切就正是教益所在。在基督教看来，关

---

1. 这里讲的"关于人的抽象观念"和"以世界历史为题来做游戏"是指黑格尔哲学中的有关学说。

切构成同人生和人格现实性的关联，因此构成了热诚（earnestness），而冷漠知识的高傲从基督教的观点看来与热诚没有多少关系，它只是妙语打趣和装模作样而已。与此不同，热诚就是教益。

因此，在某种意义上，这本书可以出自一个大学生之手；在另一种意义上，它或许不是每位教授都能写成的。

但这论文的形式至少是经过深思熟虑的，而且从心理学的角度看来也似乎是对的。还有一种更加正规的阐释风格，它正规得缺少深义，一旦人们熟悉了它，就会马上感到索然无味。

再做最后一个说明，尽管它显然没有必要，但我还是要将其表达出来：我想一次了结地申明，在全书中，正如题目所表示的，绝望被解释为疾病而不是救治。绝望的确是辩证的。因此，也是在基督教的术语中，死亡乃是对最深的精神不幸的表达。而救治却仅仅是去死，去完完全全地死。

1848年

⇝ 导　言

"这疾病不是致死的。"[1]（《约翰福音》11：4）然而拉撒路却确实死了。当门徒们误解了基督后来补充的话，即"我们的朋友拉撒路睡了，我去叫醒他"（11：11）时，他断然地告诉他们："拉撒路死了。"（11：14）因此，拉撒路〔现在〕死了，但这病曾经不是致死的；他已死了，但这疾病〔现在〕是不致死的。我们知道，基督曾在心中允诺给那时的人

---

1. 中文《圣经》(《圣经》公会版）对这句话的翻译是："这病不至于死。"以下这段文字的背景出自《圣经·约翰福音》第11章，事情的大意是：耶稣基督听到拉撒路患病时就说："这病不至于死。"后来，当他带众信徒来到拉撒路的家乡时，这人已入坟墓四天了。于是基督让人将埋葬拉撒路的洞前的石头挪开，当着使徒、死者的家属和众犹太人的面，呼叫拉撒路出来，因此而使拉撒路复活。

们以奇迹："如果他们相信，就必看见上帝的荣耀。"（11：40）他使拉撒路起死回生，显出了这奇迹。因此"这疾病"不仅仅是不致死的，而且如基督曾预言的："乃是为上帝的荣耀，叫上帝的儿子因此而得荣耀。"（11：4）但是，即便基督没有使拉撒路复活，拉撒路的疾病或他的死亡本身不是致死的〔这件事〕难道不依然是真实的吗？当基督走近坟墓高声喊道："拉撒路出来！"（11：43）这疾病不是致死的这一点不就显而易见了吗？但即使基督没这样说，作为"复活和生命"（11：25）的他走近坟墓这个事实不就表明此病并非绝症吗？基督存在这个事实就意味着这病不是绝症！如果拉撒路最终还是要死，那么使他从死里复活对他有何益处呢？！如果"他"〔基督〕不是对于每一个信他的人来讲就是复活和生命，那么在拉撒路那里发生的事情又有何益处呢？！不，应该说这疾病不是致死的，不是因为拉撒路曾起死回生，而是因为"他"存在着，所以这疾病才不是致死的。从人的立场来说，死是最终的；在人看来，只有有生命才有希望。然而，按基督教的理解，死亡绝非最终的归宿，而只是永恒生命中的一个微小事件；并且，在基督教看来，在死亡那里比在生命那里有着更多的、更无限多的希望；不管这生命是人类意义上的生命，还是最健康和最有活力的生命。

而且，按照基督教的理解，甚至死亡也不是"致死的疾病"；至于尘世的暂时痛苦，比如短缺、病痛、悲惨、艰辛、灾祸、折磨、精神苦痛、牵挂、悲哀，就更不是这种疾病了。即使情况是如此艰苦和痛楚，以至于我们人类或至少是受苦受难者可能会宣称："这比死还要更糟。"但所有这些尽管不是疾病却能够同疾病相比的苦情在基督教看来仍然不是致死之病。

基督教就是如此崇高地教导了基督徒去思考尘世之事，也包括死亡。由于骄傲地超越于一切被人通常称作不幸和最邪恶者之上，这基督徒就差不多要变得自命不凡了。尽管如此，基督教却反过来发现，存在着一个可悲的、但不为一般人所知晓的条件或处境。这个可悲的处境就是致死的疾病。在自然人所能描述的范围内，他认为是骇人听闻的〔痛苦〕在基督徒看来就像是一个笑话。这就是自然人和基督徒之间的关系，就像一个儿童和一位成年人之间的关系一样：那使儿童战栗和畏缩的，成人倒觉得无所谓。儿童不知道可怕的东西是什么，成人却知道并且畏惧它。儿童的不成熟首先表现在认识不到可怕的东西，其次，也正是隐含在这种无知之中的，就是对并不可怕的东西的畏缩。这也就是自然人的情况：他不知什么是真正的恐怖，因此而不能从发抖和畏惧中解脱出来，他们所畏惧的根本不是〔真正〕可怕的东西。这类似于异教徒与上帝的关系：他不认识真正的上帝，而且更糟的是，他把偶像当作上帝来崇拜。

只有基督徒知道致死之病意味着什么。作为一个基督徒，他获得了自然人所不知的勇气，而且是通过学会害怕某些更恐怖的事情来获得这种勇气的。这永远是一个人获得勇气的方式，即当他害怕一个更大的危险时，他就总有勇气面对一个较小的危险；当他极度惧怕一个危险时，别的危险就好像都不存在了。但基督徒已经知道的最可怕的危险就是"致死的疾病"。

第一部分

致死的疾病是绝望

➤ A．绝望是致死的疾病

甲、绝望是一种精神的疾病、自我的疾病。因此可以有三种形式：在绝望中并不意识到有自我（并非严格意义上的绝望）；在绝望中不要是自身；在绝望中要是自身。

人是精神。但什么是精神？精神是自我。但什么是自我？自我是一种自身与自身发生关联的关系，或者是在一个关系中，这关系自身与自身所发生的关联（The self is a relation that relates itself to itself or is the relation's relating itself to itself in the relation）；自我不是这关系，而是这关系与它自身的关联。人是一个有限与无限、暂时与永恒的综合、自由与必然的综合，简言之，是一个综合体。综合是一种二者之间的关系；以这种方式思考，人就还不是一个自我。

在这二者的关系中，这关系是一个第三者，而且是作为一种否定的统一性的第三者；这二者涉及这关系，并且是在这关系中涉及了这关系。这样，在灵魂的限制条件之下，灵魂和肉体的关系也是一种关系。但如果这关系与自身发生关联，这关系就是肯定性的第三者，这就是自我。

这样，一个与自身发生关联的关系，一个自我，必然或者建立它自身，或者由他者（another）所建立。

如果它自身对它自身的关系已由他者所建立，那么这个关系就确实是这第三者。但这个关系或这第三者仍是一个关系，而且它使自身关系到了那建立起这整个关系的力量。

人正是这样一个从出的、被建立起来的关系，这关系使自身与自身发生关联，并在这种自身关联中使自身与他者发生关联。因此才可能有两种严格意义上的绝望形式。如果一个人是自身建立的，那么，只能有一种绝望形式：不要是（be）自身或要取消自身，但不可能存在这种绝望形式，即在绝望中要是或要成为自身。这第二种形式特别是指对于（自身）关系的完全依赖状况的表达，是对自身不能达到或者不能存在于宁静的和依止于自身的状态的表达；〔要达到这种状态〕只能通过使自身与那建立了整个关系的力量的关联而达到自身关联。的确，这第二种形式的绝望（在绝望中要成为自身）绝不仅仅是一种特殊类型的绝望，相反，所有的绝望都能最终追溯到它并消融于其中。如果正在绝望的人意识到他的绝望，就像他所想的那样，而且也没有去无意义地谈论它，就像谈论某种落到他头上的事情一样（这有点像一个被眩晕〔dizziness〕所苦的人出于神经质的幻觉谈到他头上的重物或落到他身上的什么东西，等等；这重物和压力却不是外部的，而只是一种内部状态的颠倒反映），而是倾全力去试图单靠他自身的力量挣脱这绝望；这时他仍在绝望中，并且由于他的擅自努力，他就使自己陷入越来越深的绝望。这种绝望中的错误关系（misrelation）不是一种简单的错误关系，而是一个在自身关联的和让他者建立起来的关系之中的错误关系。所以，这在那为了自身（for itself）的关系中的错误关系也使自身无限地反映在与那建立了它的力量的关系之中。

当绝望被完全根除时,那描述自我状态的公式就是这样的:在自身关联中并在要是自身的意愿之中,这自我完全彻底地依止于那建立了它的力量。

乙、绝望的可能性和现实性

绝望是优越还是缺陷?纯辩证地说,它二者都是。如果只考虑绝望的抽象观念而完全不想到在绝望中的那些人,这绝望就必定被认为是一种非凡的优越。这种疾病的可能性是人优越于动物之处。并且,这种优越性比他那直立行走的特性更使他区别于动物,因为它表明他的无限的直立和高贵,这就是指他是精神这样一个事实。这种疾病的可能性是人优越于动物之处;意识到这种疾病是基督徒优于自然人之处,这疾病的治愈是基督徒的福佑所在。

因此,能够去绝望(to be able to despair)是一个无限的优点,而存在于绝望中(to be in despair)就不只是最糟的悲惨和不幸了。不,它就是毁灭。一般说来,当涉及可能性和现实性的关系时,情况就不是这样。如果"能够是这样或是那样"是优越之处的话，那么，"就是那样"甚至可以成为更大的优越。换句话说，同能够存在（being able）相比较，存在（to be）就如同一种上升。然而，当涉及绝望时，存在〔于绝望之中〕与能够去存在〔于绝望之中〕相比就是一种下跌了。这种下跌的无限之低正相对于可能〔绝望〕的优越性之高。结果，在对绝望的关系中而不是在绝望中，存在着一种上升的梯度。但这个范畴仍是含糊不清的。不处于或不存在于绝望中是不同于不处于跛足、失明等状态中的。如果不存在于绝望中不多不少正表示不存在于绝望中，那么，这恰恰意味着处于绝望中。不处于或不是在绝望中只能意味着能够处于绝望中的可能性被摧毁了。如果一个人真的不是在绝望中，他必须每时每刻摧毁掉这种可能性。可是，在涉及现实性和可能性之间关系时，一般说来就不是这种情况了。当然，思想家们说，现实性是被消灭了的可能性，但那并不全对，因为现实性是达到极点的和活跃着的可能性。相反，在这里，现实性（不在绝望中）是虚弱无力的被摧毁了的可能性。这就是为什么它也是一种否定的原因；尽管与通常的可能性相比，现实性是一种确定，但这里的现实性却是一种否定。

绝望是在自身同自身相关的综合关系中的错误关系。但这综合不是此错误关系，它只是这种可能性；或者，在此综合中有着错误关系的可能性。如果这综合就是错误关系，那么，绝望就完全不存在，绝望就会是存在于人性本身中的东西。也就是说，它根本就不是绝望，而是落到某个人头上的事情，使他痛苦的事情，比如罹患的疾病或每个人免不了的死亡。不，不，绝望就存在于人自身之中，如果他不是一个综合，他就完全不会绝望；如果这综合在它出自上帝之手的原初状态中时不是处于一种合适的关系之中的话，人就不可能绝望。

那么，绝望来自哪里呢？就来自自身与自身发生关联的综合所处的关系中，这是因为上帝把人造成一种关系，将这关系从手中放出，让它自身与自身发生关联；并且因为这关系是精神，是自我，在它存在的每时每刻支撑着全部绝望的重负。不管这绝望着的人如何将他的绝望说成是一种不幸，也不管他如何巧妙地欺骗自己和他人，并把绝望同以前提及的眩晕状态混淆起来，也改变不了绝望的精神本性。当然，绝望与眩晕虽然性质不同，仍有许多共同点，因为眩晕在心理的范畴中对应着在精神范畴中的绝望，并且与绝望有许多相似之处。

一旦错误关系也就是绝望产生了，绝望能作为当然发生之事继续下去吗？不，它不能作为当然发生之事继续下去。如果错误关系持续着，这不应归因于错误关系，而应归因于与自身关联着的关系。也就是说，每当错误关系表现它自身和在它存在的每时每刻之中，它必定要回溯到这〔与自身关联的〕关系那里去。例如，我们说某人可能由于不小心患了病，从那时开始，这病就存在了，并且是一种**现实性**，它的来源可以一步步地回溯到**过去**。不断地这么说或许是残忍的和非人性的："你，这病人，眼下正在染上这疾病的过程之中。"这无异于要永远把这疾病的现实性融入它的可能性里去。他对患病是有责任的这点不假，但他只是对过去有责任，疾病的持续是他某一次染上它的简单结果。并且，病的进展也不能每时每刻都追溯到他，视他为这进展的原因。他自己招致了疾病，但不能说他自己**一直在招致疾病**。然而，绝望则是另一回事。每一绝望的真实时刻都能追溯到可能性。他在绝望的每一刻都是他自己*正在招致*的。在与现实性的关系中，过去了的过去是没有的，它永远是现在时态的。在每一个绝望的真实时刻，绝望中的人在可能性中将全部过去当作现在来承受。其中的原因就是绝望是精神的资格所在并与人里边的永恒（the eternal）发生关联。但他不能使自己摆脱这永恒，不，在全部永恒性中也不可能。他不能一劳永逸地抛弃它，没有什么比那更不可能的了。他没有它的时候，他必定刚刚抛弃了它，或正在抛弃它——但它又再次回归。也就是说，每当他在绝望中时，他都正在自己招致这绝望，因为绝望不能归因于错误关系，而是归因于与自身发生着关联的关系。一个人不能自己摆脱掉与他自身的这种关系，就如同他无法摆脱掉与他自己的关系。说到底，那是同一个东西，因为自我就是与其自身的关系。

丙、绝望是"致死的疾病"

致死的疾病这一概念必须在特殊的意义上去理解。从字面上说它意味其尽头和结果为死亡的疾病，因此我们用"致命的疾病"作为致死疾病的同义词。

在这个意义上绝望不能被称作致死的疾病。按基督徒的理解，死亡本身是进入生命。因此，从这种基督徒的而不是世俗的观点看来，生理的疾病是致死的疾病，因为死亡无疑是疾病的终点，但这里死亡却不是最终的结局。如果我们在最严格意义上谈论致死的疾病，它必须是这样一种疾病，它的终端是死亡，并且死亡是最终的结局。准确地说这就是绝望的含义。

然而，在另一种意义上，绝望甚至更明确地是致死的疾病。从字面上理解，人死于这种疾病或这疾病会导致肉体的死亡是绝不可能的。相反，绝望的折磨恰恰是求死不得。因此它更与人横于病榻同死亡搏斗、求生不得欲死不能的状态相同。所以这致死之病是既不能死，又似乎没有生的希望。在这种情况下，无希望就是连最后的希望，即死亡都没有。当死亡是最大的危险时，人希望生；但当人认识到更恐怖的危险时，他希望死。所以，当危险是如此之大，以至于死亡成为人的希望时，绝望就是那求死不得的无望。

在这最后的意义上，绝望是致死的疾病，这是令人痛苦的矛盾。这自身的疾病，总是在死的过程中，要死又死不了，而是死于死（to die death）。死亡意味着一切的完结，但死于死则意味着活着去经历死亡。如果在一个单独的瞬间去经历这〔死于死〕是可能的，人也就永远地处在这种经历中。如果人可能像死于疾病一样死于绝望，那么在他的永恒中，他的自我就必能像肉体死于疾病那样地去死，但这是不可能的。绝望的死不断地把它自身转化为生命。绝望中的人不能死，"恰如匕首不能屠戮思想一样"。绝望也不能耗尽永恒，即在绝望根子处的自我；它的蛆虫不死，它的火不熄。然而，绝望确实是自我消耗，但它是一种不能遂其所愿的虚弱的自我消耗。这种虚弱是自我消耗的新形式。在虚弱中，绝望者不能再做他愿做的事，即是说不能消耗他自己。这是一种强化或强化法则。这是绝望中的刺激和冷火，在虚弱的自我消耗中咬啮侵蚀得越来越深。绝望没能耗尽绝望者的事实非但不能给绝望着的人以任何宽慰，恰恰相反，这宽慰正是一种折磨。它恰恰使得侵蚀得以持续，又使得生命总处于被咬啮的痛苦之中。这正是他绝望的原因。因为他不能耗尽自己，不能摆脱自己，不能消失为无。这就是达到一个更高能量的绝望的程式，也就是在这自我的疾病中升高着的热度。

一个绝望着的人是对**某些事情**在绝望（despair *over something*），所以它似乎是一瞬间的事，但也只是一瞬间的事；在这同一时刻，真正的绝望或绝望的真实形式显现出它自身。在对**某事**的绝望中，他实际上是对自己绝望，并且此刻他要摆脱自己。例如，当一个标榜"做恺撒[1]或什么也不做"的雄心勃勃的人没有做成恺撒时，他对此绝望，但这还意味着别的东西：也就是说，因为他没能成为恺撒，此刻他不能忍受的是他自身。结果，他不是因为没成为恺撒而绝望，而是因为没成为恺撒而对他自身绝望。如果他成为恺撒，这自我可能使他欣喜若狂（虽然在另一种意义上这也是一种绝望状态），但现在这自我令他完全不能容忍，在一种更深层的意义上，不是他没成为恺撒而令他不能容忍，而是这没成为恺撒的自我是不能容忍的。或更确切地说，令他不能容忍的是他没能摆脱他自己。如果他成了恺撒，他或许在绝望中摆脱掉他自己；但现在他没成为恺撒，他就不能在绝望中摆脱掉他自己。从根本

---

[1]. 恺撒：罗马皇帝，军事统帅，西方最著名的历史人物之一。

上说来，由于他不拥有他自己，他不是他自身，他在两种情况中都同样地处于绝望之中。就是成为恺撒，他也没有成为他自己，而只是摆脱掉了自己；然而他没成为恺撒，就因此而陷入不能摆脱自己的绝望之中。用"他正在耗尽自己"来谈及一个在绝望中的人是一种肤浅的说法（说这种话的人或许从没见过一个在绝望中的人，甚至包括他自己）。"耗尽自己"恰恰是他在绝望中渴望的并且又正苦于不能做到的那一点，因为绝望之火不能自己点燃或燃尽它要烧掉者，即自我。

因此，对某些事情的绝望还不是完全的绝望，它只是开始，或是像医生所说的那样是还没有表露出自身的病症。下一步则是表露出来的绝望，即对自身的绝望。一个年轻姑娘处于对爱情绝望的状态中，也就是说她对她的恋人绝望，因为他死了，或因为他不忠实于她。这不是一种表露出来的绝望。不，她实际上是在对她自己绝望。如果她的自我成为"他"所爱恋的，她就会以极幸福的方式摆脱掉或丧失掉她的这个自我；现在，这自我成了一个没有"他"的自我，因而就成了一个折磨她的自我。由于"他"死了，这个本来可以成为她的财富的自我（虽然这在另一种意义上也就是处于绝望之中），现在对于她就成了一个令她厌恶的虚无，一个可憎恶的东西，因为它使她想到自己被欺骗的事实。试想有人对这姑娘说："你正在消耗你自己。"你将听她答道："噢，不，这折磨正在于我不能消耗掉自己。"

对自身绝望，在绝望中想摆脱自身——这是所有绝望的公式。因此，绝望的另一种形式——在绝望中要是自身或要成为自身——可以追溯到开头所说的在绝望中不愿意是或成为自身。这就正如我们前面将"在绝望中不要成为自身"融入"在绝望中要成为自身"的形式（参见甲）。一个在绝望中的人绝望地想要成为他自身，但如果他绝望地要成为他自身，他肯定不想摆脱他自身。是的，事情似乎是这样的，但如果这人更仔细地检验，就会感觉到这矛盾毕竟还在那里。那个他绝望地要成为的自我不是他所是的自我（因为那人要成为或要是的自我如果确是他的真我的话，这"要是"的意愿就是绝望的对立物）。他真正愿意的是摆脱掉构造他的力量。但不管他有多么绝望也不能做到这一点，不管他如何绝望地努力，这力量也是更强者并迫使他成为他不愿意成为的自己。但也正因为如此，他要摆脱自己，摆脱掉他所是的自我，以便成为他本人梦寐以求的自我。成为他要成为的自我会使他快乐（虽然，在另一种意义上，这也还是绝望），但被迫成为他所不愿成为的那个自我就是他的痛苦，也就是说他不能摆脱掉自己的痛苦。

灵魂的疾病不能像身体的疾病消耗肉体一样地消耗灵魂，苏格拉底通过这种方式来证明灵魂不灭。同样，依据绝望不能消耗一个人的自我、而这一点正是绝望中矛盾的折磨之所在这样一个事实，我们可以证明人的永恒性。如果一个人里面没有永恒性，他就不会绝望；但如果绝望可能消耗他自己，也仍然不会有绝望。

因此，正是这绝望、也就是在自我中的疾病，乃是致死的疾病。绝望的人患着濒死的病。在与任何能被适当地说成是疾病状态完全不同的意义上，我们可以说这疾病袭击〔人的〕最好的那一部分，但这人却不能死。死亡不是这疾病的最终阶段，而是一个不断延续着的最终者。靠死亡从这疾病中解脱获救是不可能的，因为这疾病和它的折磨（及死亡）恰恰在于不能死去。

这就是在绝望中的形势。不管绝望中的人怎样尽力逃避它，不管这绝望者怎样成功地彻底抛弃了他自身（就如不意识到存在于绝望中的绝望那样），以一种完全没有被察觉的方式抛弃了他自身。尽管如此，永恒却要表明，他所处的形势是绝望，并且这永恒将他和他自身紧钉在一起，以使他仍然处于不能摆脱他的自我的折磨中。这表明，他认为自己成功地摆脱了他的自我只是一种想象罢了。这是永恒必须做的，因为去拥有一个自我，去是或去成为一个自我，乃是给予人的最大的承认，但这也同时是永恒对他的要求。

B. 这种疾病（绝望）的普遍性

正像一个医生说过的，很可能没有一个单个的活着的人是完全健康的。所以任何一个真正了解人类的人都可能说，没有一个单个的活着的人是多少没有点绝望的。没有一个活着的人不秘密地隐藏着某种不安、内心的争斗、不和谐，对某种还不知道的、甚至不敢去知道的事情的焦虑，对某些生存中的可能性的焦虑，或对他自己的焦虑。所以，正像医生说到与身体的病痛周旋一样，他同这种疾病周旋，携带着这种精神疾病。这疾病通过他不能解释的焦虑而很罕见地表明自己的存在。在任何情况下，没有一个活着的人、没有一个活在基督教世界之外的人是没有绝望的。在基督教世界中，如果一个人不是真正的基督徒，或不是一个完全的基督徒，他也仍在一定程度上处于绝望之中。

无疑这个观察对许多人来讲就像是种悖论和夸张，或是忧郁和沮丧的观点，但实际上不是这样的。它并不带来忧郁，相反，它试图把光明洒向通常是幽暗的角落；它也不造成沮丧，反之却使人向上，因为它认为每一个存在的人都注定了要受到最高的召唤，去成为精神。它不是悖论，相反却是一个不矛盾地被展开了的基本观点，因此它也不是一种夸张。

然而关于绝望的通常观点没有超出表面上的东西。因此，它是一种肤浅的观点。就是说，没有任何观点。它假定每个人必须自己最清楚地知道他是否处于绝望之中，任何说他在绝望中的人被认为存在于绝望中，并且，任何想象他不在绝望中的人被因此而认为不在绝望中。结果就是，绝望成为稀罕的而不是常见的现象了。人处于绝望中的情况是不罕见的，人真正不在绝望中的情况倒是罕见的，非常罕见。

持这种通常观点的人对绝望的理解非常贫乏，除了其他的问题之外，它完全忽略了（这种忽略在绝望的范畴中成千上万），不在绝望之中和不意识到在绝望之中正是绝望的一种形式。在更深的意义上，解释绝望的通常观点的地位就像确定一个人是否有病的通常观念的地位一样——说它是在更深的意义上，是因为常识对什么是精神的理解要远逊于对疾病和健康的理解，而且，缺乏这种理解，他就不能理解绝望。一般说来，当一个人自己不说他有病时，就被认为是健康的，更不要说他自称感觉良好了。但医生对疾病有不同的看法。为什么？因为医生有一个得到了定义和发展的关于什么是健康的概念，并以此来确定一个人的身体状况。医生知道，正如会有想象的疾病一样，也会有想象的健康；并且，在后一种情况下他首先要采取的措施就是去揭示疾病。一般说来，正因为他是医生（受过很好的指导），他才不完全相信一个病人关于他的身体情况所说的。如果每个人关于他是健康还是患病的自身状况的陈述都是完全可信赖的，作一个医生或许就是虚幻的了。一个医生的任务不只是开方治病，首先和最起码的是要辨认疾病，因此他的首要任务是去确定被认为是病人的人是否确实有病，或被认为是健康的人是否可能有病。这也是心灵医生与绝望的关系。他知道什么是绝望,他认识它,因此就不会完全听信一个人宣称他不在绝望中或在绝望中的话。必须指出,在某种意义上,说他们绝望的人的话也并不总是准确。绝望能被伪装,作为一种精神的资格限制条件,它也可以被搞错和混同于所有那些短暂的状态,比如颓丧、内心冲突等,它们没有发展成绝望就过去了。但心灵医生正确地认为那也是绝望的某些形式,他非常清楚它们是假装的。而且正是这些假装和虚饰是绝望:他非常清楚这些颓丧之类的现象没有重要意义,但正是它没有得到重大意义这一状态是绝望。

常识的观点也忽略了这一点,即绝望辩证地不同于通常的疾病,因为它是精神的疾病。正确地理解这一点,这辩证法就会将大量现象又置于这绝望的定义之下。如果在一个给定的时间,一个医生确认某人健康良好,但这人后来又病了,那么医生可以合理地说这人在那时是健康的,但现在病了。绝望则不同,一旦绝望出现,就表明那个人处在绝望中。因此对于一个处于绝望之中并因此还未被拯救的人,在任何时候都说不出什么决定性的话,因为无论何时只要触发了他的绝望,就马上表明他的整个生命一直处于绝望之中。另一方面，当某人得病发烧时，绝不能说现在弄明白了，他一生中一直在发烧。绝望是一种精神的限定条件或资格，是与永恒的关系，因此在它的辩证法中有某种永恒的东西。

绝望不只辩证地不同于疾病，而且它的全部症候也是辩证的，因此在确定绝望是否存在时，肤浅的观点很容易被蒙骗。不在绝望中在事实上能正意味着在绝望中，并且它还能意味着已经从存在于绝望的状态中获救。安全和平静感能表示在绝望中存在，这安全和平静感恰恰能是绝望，而且它还能表示已经征服了绝望和已赢得了平和。不处于绝望中的状态不同于没有病，因为没有病不能等同于有病。然而，不处于绝望中的状态却能完全等同于处在绝望中的状态。感觉不适是疾病，但那是不同于绝望的疾病。它们绝不等同。这里，此不适也是辩证的。从未感到这不适正意味着处在绝望中。

这说明了并且也依据着这样一个事实，即精神或人的条件（如果涉及任何关于绝望的问题，人就必须被认为是凭精神决定的）永远处于危急的关头。我们谈论的危机同疾病有关而不同健康有关。为什么不同健康相关呢？因为，生理的健康是这样一种直接的限定（qualification），它在疾病的条件中才首次成为辩证的，而且在这种条件中才出现了危机问题。从精神上说或当人被看作精神时，健康和疾病都处于危机之中，不存在精神的直接健康。

人只要一停止被看作由精神定义的（并且在这种情况下也谈不上绝望），而只作为心理—生理综合体，健康就是一个直接的限定，而且精神和肉体疾病就是仅有的辩证限定。但不意识到自己是作为精神而被定义的就正是绝望之所在。从人的立场看来，一个完全平静、和谐与快乐的年轻女性是非常漂亮和可爱的，但她仍是绝望的。这肯定是幸福，但幸福不是精神的条件或限定，并且幸福的最隐秘掩藏着的深处也还是存在着绝望和焦虑。它特别希望被允许待在那里，因为对绝望而言，最珍视和满意的生存之境正是在幸福快乐的心中。不管它虚幻的安全与平静，所有的直接性和当下性都是焦虑，并且很可理解，最大的焦虑是对虚无的焦虑。比起对于某种不确定者的巧妙暗示（这暗示似乎是不小心漏出的，但实际上是故意地和深思熟虑地被透露出来的），对某些最可怕的事情的最令人毛骨悚然的描述也要逊色得多，它并不能使得当下的直接性显得如此令人焦虑。事实上，直接性被这样一种微妙的暗含弄得最为焦虑，这暗含告诉它，它对于所谈者知之甚详。这直接性可能并不知其所谈者，但〔这暗含却使它认为它应该知道，因为〕反思最适合于从虚无中编造出它要的东西，而这反思存在于虚无中时也正是它得其所哉之时。需要超常的反思，或更正确地说，需要巨大的信念才能够耐受对虚无的反思，也就是对无限的反思。因此，即使那年轻女性非常美丽和可爱，她仍是既绝望又幸福。靠直接性平滑地穿越生命是不可能的。并且，如果这幸福确实成功地滑过了生命历程也不起什么作用，因为它是绝望。正因为绝望的疾病是完全辩证的，没有这疾病就是最糟的不幸。一般认为疾病的治愈是幸运，疾病自身是不幸，但得绝望之病是真正的天赐，即使它在患此病者不想治愈它的情况下是最危险的病。

因此，认为绝望是罕见的通常看法完全错了。相反，它是普遍的。按照一般的看法，每一个没有想到或感到他在绝望中的人就是不在绝望中，或只有承认自己在绝望中的人才在绝望中，这种看法是完全错误的。相反，不装假地承认自己处于绝望中的人比所有不这样认为的人和不认为自己存在于绝望中的人，还是更接近、辩证地更接近被治愈的状态。从整体上说来，心灵医生肯定同意我的看法：大部分人活着却没有意识到自己注定了是作为精神而存在，因此一切所谓的安全、对生活的满足等都只是绝望。另一方面，那些承认自己处于绝望中的人通常或是那些有深刻的禀性，以至于他们必定意识到自己是作为精神而存在的，或是他们的痛苦经历和面临的可怕抉择帮助他们具有了这种意识。总之不是这种情况，就是那种情况，真正没有绝望的人是非常罕见的。

有过许多关于人类的痛苦和不幸的言论——我试图理解这种言论，并且对它多少有些亲近的了解。还有许多关于浪费生命的议论，但只有那种不断地活在被生活的快乐或痛苦所欺骗之中，因而从未决定性地和永久地具有作为精神存在者的意识和自我意识的人的生命才是被浪费了的；换句话说，那些浪费生命的人从不意识到、并且在最深刻的意义上从未得到这样一个印象，即有一个上帝，而且"他"、他自身、他自己就存在于这上帝之前，而这是必须通过绝望才能获得的无限的恩惠。这么多人继续以这种方式生活，被骗去了最神圣的思想，这多么可悲啊！我们关注于或鼓励人群关注于所有别的事情，用它们去为生活戏剧提供能量，但却从不提醒他们这上帝的福佑，这何其可悲！他们被聚拢在一起并且被欺骗着，而不是被分离开，以便每一个个人可以获得最高的、唯一值得为它去生和足以为了永恒而生活于其中的东西，这又是多么可悲啊！我想我可能为这可悲的存在永远哭泣。并且，对我来说，这最可怕的疾病和不幸的更可怖的表现就是把它隐藏起来。不只是经历这种痛苦的人可能希望隐藏它，并且可能成功，它也不只是能这样存活于一个人那里，让别人不能觉察到它，而且，它还能如此隐蔽地藏于一个人那里，以至他自己也意识不到它的存在。当时间的滴漏已经滴尽，当世俗生活的喧嚣已渐平静，它的烦躁不安或徒劳无益的能动主义已达终点，当你周围的一切已宁静，就像是在永恒中，那么，不管你是男人还是女人，富人还是穷人，独立的还是有依靠的，幸福的还是不幸的；不管你是高居皇室，头戴珠光宝气的冠冕，还是在卑微轻贱中忍受着艰辛和酷暑；不管你将大名永垂，与世界同存不朽，还是会默默无闻，埋没于芸芸众生之中；不管是富丽堂皇围绕着你，凌驾于人类之上，还是最严厉和屈辱的人类审判降临在你身上——来世都将问你和亿万人中的每个人一个唯一的问题：你是否已活在绝望中？你是以没有认识到自己是在绝望中的方式绝望了，或是以这样一种方式，即偷偷地在你内心中携带着这个疾病，将它作为你苦痛的秘密和心底罪恶之爱的果实携带着而绝望了，或是以让人恐惧的和盛怒的方式活在绝望中？如果是如此，如果你已活在绝望中，那么，无论你是输是赢，对你来说一切皆输；永恒不承认你，它从不知道你——或还有更可怕的，它以你被知的方式来知你，并且将你和你自身束缚于绝望之中。

↠ C. 这种疾病（绝望）的形式

绝望的形式可以靠反思自我的组成成分而抽象地达到。这自我是一个综合，由无限和有限组成。然而这综合是一个关系，并且即便它是从出的，也是一个涉及它自身对它自身的关系，这就是自由。这自我是自由，但自由是那可能性和必然性范畴的辩证的方面。

然而，绝望必须首先在意识的范畴中被考虑。绝望是否被意识到，构成了绝望与绝望之间的质的不同。就算所有绝望按照这个概念说来是被意识着的，但这并不意味着，按照此概念可以被恰如其分地说成是在绝望中的人本身意识到了这绝望。因此意识是决定性的。一般地说，意识——即自我意识——对于一个自我说来是决定性的。越有意识就越具有自我，越有意识就越具有意志，而越有意志，则越具有自我。一个没有丝毫意志的人根本就不是一个自我。但他越有意志，他也就越有自我意识。

甲、以不涉及它有无意识、而只涉及综合〔的自我〕的构成成分的方式来考虑的绝望

一、由有限与无限定义的绝望

自我（self）是无限与有限的有意识之综合，这综合与其自身发生关联，它的任务是只通过与上帝的关系而成为（become）它自身。成为自身就是成为具体者，但成为具体既不是成为有限也不是成为无限，因为去成为的具体者的确是一个综合。因此这成为的进展过程必定是，在自我的无限化过程中，无限地远离它自身，并在有限化的过程中，无限地回归到它自身。但如果自我不成为它自身，它就是在绝望中，不管它知道还是不知道。然而，在自我生存着的每一时刻中，它都处于一个成为着的或生成着的（becoming）过程之中，因为潜在的自我实际上并没有生存着，它只是那应该生存的东西。如

果自我不处于成为它自身的状态中,它就不是它自身,但不是它自身恰恰就是绝望。

1. 无限的绝望是缺乏有限

之所以如此,是由于作为综合的自我固有的辩证性,因此这综合的每个单个成分都是它的对立物。绝望的形式不能被直接(即非辩证地)定义,而只能通过反思它的对立物而得到定义。绝望中的人的条件能被直接描述,正如诗人事实上是靠他的诗句去言说,但绝望只能通过它的对立物来定义,并且,如果诗句有任何诗的价值的话,这表达的色调必须包含对于这辩证的对立物的反思。因此,每一个有可能已成为或仅仅要成为无限的人的生存状态,或事实上,一个已成为或仅仅要成为无限的人的生存中的每一时刻就都是绝望。自我是作为限制因素的有限与作为扩展因素的无限的综合。这样,无限性的绝望是幻想(the fantastic)或不受限制者,因为只有当自我恰是通过绝望而明白透彻地依止于上帝时,它才是健康的和解脱了绝望的。

当然幻想同想象最紧密相关,但想象则关系到感觉、认识和意愿,因此人能有想象的感觉、想象的认识和想象的意愿。一般说来，想象力（imagination）是无限化过程的中介，但它却不像其余者〔比如感觉、认识、意愿〕那样是一种能力。如果非要用这类术语的话，则它可以被说成是使所有能力可能的能力。当一切都被说和做的时候，一个人的一切所感所知所愿都依赖于他的想象，依赖于这人怎样反思他自己——也就是，依赖于想象。想象是无限化着的反思。因此，老费希特相当正确地假定：甚至同认知有关的范畴也是来自于想象。自我是反思，想象也是反思，是将自我作为其可能性的呈现。想象是一切反思的可能性，并且，这中介的强化乃是自我强化的可能性[1]。

一般说来，幻想引导人进入无限状态，而这种引导的方式是：使他离开其自身，并因此而使他无法回复到他自身中。

当感觉以这种方式成为幻想时，自我只是越来

---

1. 除了克尔凯郭尔这里提到的费希特（Fichte，康德之后、黑格尔之前的德国唯理主义或唯心主义哲学家）之外，康德本人在其《纯粹理性批判》（第一版）和《判断力批判》中也强调了"先验的想象力"的本源地位。此外，海德格尔在《康德与形而上学问题》（1929年）一书中着力追究了这种想象力的现象学存在论的含义。

越多地被挥发掉，并最终成为一种抽象的多情善感。这情感却不属于任何人类存在者，而是多情地但又非人性地与某种抽象的宿命（比如抽象的人性）相结合。风湿病人不是他身体感觉的支配者，这感觉是如此臣服于风和天气，以至于此病人不自觉地就觉察到了天气等因素中的任何变化。同样，一个其感觉已成为幻想的人也是在一条被无限化了的路上，但不是以越来越成为他自身的那种方式在这条路上，因为他在那里越来越失去他自身。

当认知成为幻想式的时候，也会发生同样的情况。涉及认知自我的发展规律，如果它是处于这自我成为其自身的情况中，则会表现为：知识的增长对应着关于自我的知识的增长，自我知道的越多，它就越知道它自身。如果情况不是这样，知识越增加，这知识就越成为一种非人的知识。在获得这样的知识时，人的自我就被耗费掉了，很像人们被耗费于建造金字塔的方式，或者像俄罗斯铜管乐队成员的耗费方式；这乐队只演奏一个音符，不多也不少。

当意愿（willing）成为幻想时，自我也同样被逐渐耗费掉。这样，意愿的具体和抽象之间就不能持续地保持合适的比例，以至于这意愿的目的和决定越是无限，它就越是在那能被立即执行的任务的一小部分中成为更亲身在场的和同在的。也就是说，在这意愿被无限化的过程中，它在最苛刻的意义上回到它自身；其结果就是，它离它自身越远（即当它的目的和决定是最无限之时），它就同时和亲身地最接近于执行那能在这当前的一天、一小时和当下一刻中被完成的任务中的无限小的那部分。

当感觉、认识和意愿已成为幻想时，整个自我最终就能成为那种样子，不管它是以更积极的形式仓促地投入幻想还是以更消极的形式被幻想带走，在这两种情况下人都是有责任的。随后自我在抽象的无限化或抽象的孤立中产生出一个幻想的存在。他不断地缺乏他的自我，离这自我越来越远。以宗教领域为例，与上帝的关系是一个无限化，但在幻想中这无限化能使人如此失去根底，以至于他简直就是处于一种陶醉状态之中。在上帝之前存在对一个人可能难以忍受，因为他不能回归他自身，成为他自身。因此，一个幻想的宗教人可能说（用一些词句描绘他）："一只麻雀不知道自己存在于上帝之前，它能活着是可以理解的。但知道自己存在于上帝之前的人,〔居然没有〕立即变得疯狂或陷入虚无!"

以这种方式变得沉溺于幻想,因而处于绝望中,并不意味着(虽然这通常是显而易见的)一个人不能继续活得很自在。他似乎是一个忙于眼前俗事的人,结婚、生子、获得荣誉和尊严,并且可能让人觉察不到他在更深的意义上缺乏自我。这样的事情并不给世界带来多少搅扰,因为自我是世界最不关心的事情,而且一个人如果显示出他具有自我,反倒是一件最危险的事。这样就不难理解,所有危险中最大的危险,即失去自我的危险,能够非常平静地在世上发生,就像它什么也不是一样。其他东西的丧失是不可能如此平静的。丧失掉任何别的东西,比如一条胳膊、一条腿、五元钱、一个妻子等等都肯定会被注意到的。

2. 有限的绝望是缺乏无限

之所以会如此,如上节所指出的是由于作为综合的自我的内在的辩证性所致,因此,每一单个构成成分是这综合的自我的对立面。

无限的缺乏是绝望着的还原主义(reductionism)

和狭隘性。当然,这里意指的只是伦理的狭隘和局限性。事实上,这世界只对知识、审美的局限性或无关紧要的事情感兴趣(在无关紧要的事情中有着世界的最大兴趣),因为世俗的心智恰恰是把无限的价值归于无足轻重。世俗的观点总是紧紧地纠缠于人和人的区别,自然就完全不理解一个需要理解的东西(因为具有它就意味着精神性)。因而这种观点不理解失去自我状态中的还原主义和狭隘性,它不是通过在无限中耗费掉自我,而是通过完全有限化的过程,通过让人成为一个数而非一个自我而出现的。在这种情况下,他只是更多的一个人,只是对于这个永远持续的"同一个"的再一次重复而已。

绝望者的狭隘是原始性的缺乏,人的原始性的自我剥夺,或在精神意义上的自我阉割。每一个人的存在最初是想成为一个自我,注定要成为他自身。这样,每一个自我肯定是具有某种角度的,但那只意味着这自我要被磨成某种形状,而不意味着它要被磨成圆滑的,也不意味着它出于对人们的恐惧,完全放弃成为自己,或者只是出于对人们的恐惧,在它的更根本的遭遇中不敢成为它自己(这显然不是去被磨圆滑)。在这种遭遇中,一个人仍然是自为的（即为他自己而成为他自己）。一种绝望鲁莽地投入无限并失去它自己，另一种绝望却似乎让它的自身被"他人"骗走。被大众包围着，被各种世俗之事吸引着，越来越精于世故，这样的人忘记了他自身，忘记了他在神圣意义上的名字，不敢相信他自身。他发现成为他自身太冒险，而成为与他人类似的存在者，成为一个拷贝、一个数字、一名群众则更容易也更安全得多。

现在这种绝望的形式在世界上通行无阻，而且实际上未被注意。正是靠失去其自身这种方式，（这人已得到一种）在商业和社会生活中取得极大进展、在世界上取得巨大成功日益增长的能力。这里，对他的自我和它的无限性没有拖延，也没有难处；他像卵石一样光滑，像发行的硬币一样可流通。他是如此不同于被人们认为是在绝望中的人的样子，以至他〔似乎〕就是一个人类存在者所应是的形态。很自然，世界一般不理解什么是真正的可怕之处。绝望不只不在生活中产生任何不便，而且还使生活更惬意更舒适，因而这绝望决不被当作是绝望。这实际上是被（例如）所有格言所证实的世人的观点，而这些格言不过是教人谨慎的规则而已。例如，我们说，一个人十次为他说了话而后悔，而只有一次为他保持了沉默而后悔〔祸从口出〕——为什么？因为说话的外在事实能让人陷入困境，因为它造成了一个现实。但去保持沉默吗？！可这却是最大的危险。因为通过保持沉默，一个人完全被抛到他自己身上。这里现实性不再通过惩罚他、通过让他言论的后果压迫他来帮助他。不，在这方面是容易保持沉默的。但知道什么是真正可怕的东西的人最怕犯的错误和罪就是转向内部而不留一点外部的痕迹。世人认为外在的冒险是危险的，为什么？因为可能输掉。不冒险是谨慎的，然而正是由于不冒险才特别容易失去本是难于失去的。一个去冒险的人不管失去多少，也绝不会像一个完全不冒险的人那么轻易、那么完全地失去他自身，就仿佛这自身什么也不是似的。如果我冒错了险，生活就靠惩罚我来帮助我。但如果我一点都不冒险，那么谁来帮助我呢？再说，如果在最高的意义上，我不冒丝毫危险（在最高的意义上，冒险恰恰造成对自我的意识），卑怯地获得了所有世俗的利益，却失去了我自己，那又有何意义！

这就是有限绝望的情况。一个人处在这类绝望中，他能暂时活得很好，实际上是更好；他能表现为这样一个人，即一个得到公众喝彩、获得荣耀和尊敬、被所有暂时的目标所吸引的人。事实上，所谓世俗的心智正是由这样的人组成，他把他自己抵押给了世界。他们使用着他们的能力，积聚着钱财，继续着世俗的事业，精明地算计着等等。他们可能会名垂史册，但他们不是他们自身；从精神上说他们没有自我，没有一个能让他们为之去冒一切风险的自我——不管他们如何自我追求，他们不是在追求自我。

二、由可能性—必然性定义的绝望

可能性和必然性对于成为的过程（becoming）来说（自我有自由地成为它自身的任务），是同样必要的。可能性和必然性正像无限和有限一样地属于自我。没有可能性的自我是在绝望中，同样，一个没有必然性的自我也在绝望之中。

1. 可能性的绝望是缺乏必然性

之所以是如此，如上文所指出的，是由于（作为综合的自我固有的）辩证性。

正如有限相对于无限是那限定着的方面一样,必然性相对于可能性就是强制的因素。由于作为有限和无限综合的自我是被设立的,是潜在的,因此,为了成为它自身,这自我就要在想象的中介中反思它自己,从而使无限的可能性成为显而易见的。这自我潜在地既是可能的又是必然的,因为它的确是它自身,但它还有成为它自身的任务。就它是它自身而言,它是必然;就它担负着成为它自身的任务而言,它是一种可能性。

但如果可能性超出了必然性,以至自我在可能性中脱离开它自身,它就没有了让自己回归的必然性,这就是可能性的绝望。这自我成了一个抽象的可能性,它挣扎于可能性之中,直到精疲力竭。但它既不离开它所在的位置,又达不到任何别的地方,因为必然性恰恰就是那个地方;成为自身恰恰就是在那个地方的运动。去成为是一个离开那地方的运动,而去成为它自身就是在那个地方的运动。

这样,可能性似乎对自我越来越多,因为没有什么成为现实,就有越来越多的东西成为可能的。最终,任何事情似乎都可能,但这正是那吞噬自我的深渊之所在。每一个微小的可能性成为现实性都要花费时间，但最终，应该用于实现可能的时间变得越来越短促，每件事情都越来越成为即时的。可能性越来越强化——但这是在可能性的意义上，而非在现实性的意义上，因为现实意义上的强化意味着去实现某种可能。当某个东西显露出可能的瞬间，一个新的可能性又出现了，以至最终那些幻影如此快速地前后相随，就好像每件事情都是可能的，而这正好是个体自我变成一个幻象的临界点。

自我现在所缺乏的就是现实性，用通常的语言来讲，我们就说这样一个个体已变成非实在的了。但更精细的审查表明他实际缺乏的是必然性。当哲学家们把必然性解释为可能性和现实性的统一时，他们是错的——不，现实性是可能性和必然性的统一。当自我以这种方式在可能性中丧失时，不仅仅是因为精力的缺乏，至少它不应以通常的方式被解释。所缺失的从根本上说是去服从的能力，是在人和生活中服从必然性、服从那被称为人的局限性的能力。因此，悲剧不是这自我在世上没有什么了不起。不，悲剧是他没意识到他自己，没意识到他所是的自我是个非常确定的东西，因而是有必然性的。反之，他失去了他自己，因为这自我在可能性中幻想地反思它自己。就是为了在镜中看到**自己**，一个人也必须能认出他自己，因为如果一个人认不出他自己，他也就看不到他**自己**，而只看见一个人类存在者。可能性之镜不是通常的镜子，对它的使用必须格外谨慎，因为在最高的意义上这镜子并不说出真理。自我如此这般地在它自己的可能性中显现只是真理的一半，因为自我在其自身的可能性之中仍远离它自身或只是它自身的一半。因此，问题就在于这特殊的自我的必然性怎样更特殊地限定它。可能性就像一个孩子被邀请去参加晚会。这孩子马上就想去，但现在的问题在于父母是否允许他去——正如这孩子的行为同父母联系在一起，自我的问题也同必然性联系在一起。

在可能性中，**每件事情都是可能的**。因为这个原因，以任何一种方式迷失于可能性中都是可能的，但最主要的有两种方式。一种采取欲求、渴望的形式，另一种采取忧郁和想象（希望、恐惧或焦虑）的形式。传奇和神话讲述一位骑士突然看到一只珍奇的小鸟，就紧随其后捕捉它，因为开头它似乎离得很近，但它又飞走了。当夜幕降临的时候，他发现他自己同他的伙伴们分开了并迷失在他眼下所在的荒野上。而这也是与欲求有关的可能性的情况。那人不将可能性带回到必然性那里，而是追捕着可能性——终于，他不能找到回归他自身的路。在忧郁中，相反的事以极为相似的方式发生。忧郁地沉迷着，这个人追逐着一种焦虑的可能性，而这种可能性最终引他脱离他自身，使他成为焦虑的牺牲品，或是成为他怕被其压倒而为之焦虑着的东西。

2. 必然性的绝望是缺乏可能性

如果在可能性中失去自我可以同儿童的元音发音相比较的话，那么缺乏可能性就像是发不出音一样。必然性就像纯辅音，要说出它们就必须有可能性。如果一个人的生存被引到了缺乏可能性的地步，那么，这生存就是在绝望中，并且在它缺乏可能性的每一刻都处于绝望中。

一般认为某个年龄是特别富于希望的，或者说，在某个时代、在生活的某个特殊的时刻，一个人是或曾是极富于希望和可能性的。然而，这一切只是达不到真理的人类的说话方式而已。这希望和绝望中的一切既不是真正的希望也不是真正的绝望。

关键在于，在上帝那里每件事情都是可能的。

这是永恒真的，并因此而在每一时刻都是真的。这的确是一个被普遍承认的真理，它通常以这种方式得到表达；但只有当一个人被带入极端境况时，从人的角度讲，就是当没有了可能性时，关键性的抉择才会出现。随后的问题是他是否相信对于上帝来说，一切事情都是可能的。也就是说，他是否**有信仰**。但这正是丧失知性的公式；信仰的确是为了得到上帝而丧失知性。让我们做一个类比，请想象某个具有想象可怕噩梦的能力的人，他为自己想象出了这样或那样的一些恐怖的和绝对不能受忍的图景。然后，这事落到了他的头上，这恐怖的事情在他那里发生了。从人的角度说，他的崩溃是绝对无疑的——并且，在绝望中，他灵魂的绝望为了能被允许去绝望而搏斗，如果你愿意，可以说成是为了获得去绝望得泰然自若、为得到整个人格同意去绝望和同意去处于绝望中而搏斗。因此，他最要诅咒的东西莫过于那妨碍他去绝望的企图和做这种企图的人，正如诗人〔莎士比亚〕如此出色和无与伦比地所表达的（《理查二世》，第三场第三幕）：

"诅咒你，表兄，引我离开了那条通向绝望的惬意之路！"

那么，从人的角度说，要这一点上得救是完全不可能的；但对上帝说来没有不可能之事。这是*信仰之战*，为了可能性的疯狂之战。因为，可能性在这里是唯一的救助。当某人晕倒时，我们需要水、科隆香水、溴盐〔来救助他〕；有些人要绝望时，我们就这么说："抓住可能性，抓住可能性，可能性是唯一的救助。"抓到可能性，那么绝望中的人就又能喘息，他又能活过来，因为没有可能性，一个人就几乎不能呼吸。有时人类想象的精妙能达到创造可能性的地步，但终于——就是说，当它依赖信仰时——到了这样一个地步，在那里唯一有帮助的就是：对上帝来说，一切都是可能的。

所以，斗争在继续，严阵以待的人是否崩溃全看他是否获得了可能性，即他是否有了信仰。然而，从人的角度说他也知道，他的崩溃是绝对肯定的，这是相信或信仰的辩证法。一般说来，一个人只知道这件事或那件事可能或最可能对他发生。如果它发生，就将导致他的垮台。莽撞的人带着这样或那样的可能性冲进危险，如果危险的可能性发生了，他就绝望和崩溃。从人的角度说来（处于危险已经发生了或他已处于危险之中的情况），*相信者*

明白和理解他的垮台，但他还是相信。由于这个原因，他没有崩溃。他把他怎样得救全部留给上帝，但他相信对上帝来说任何事情都是可能的。去相信他的垮台是不可能的。从人的角度理解这是他的垮台，但尽管如此而仍相信可能性。所以上帝也会帮助他——或许通过允许他避开恐惧，或许通过这恐惧自身——在此，出乎意料的、不可思议的、神奇的帮助确会到来。坚持认为只在一千八百年前〔即基督时代〕发生过一个人被不可思议地救助过的事情是一种特殊的迂腐。一个人是否不可思议地得到帮助本质上依赖于理解的激情，通过这激情，他已知道帮助是不可能的，并且知道接下来就看他如何真诚地朝向那不管怎样曾经帮助过他的力量。然而一般说来，人们既不这样做也不那样做。他们大呼帮助是不可能的，而从不绷紧他们的理解力去找寻帮助，并且后来又忘恩负义地撒谎。

相信者对绝望有永远确凿无误的解药——可能性，因为对上帝来说在任何时刻一切都是可能的。这是解决矛盾的信仰的健康。从人的角度说，这里的矛盾在于垮台是肯定的，但仍然存在着可能性。良好的健康一般意味着有能力解决矛盾。例如，在身体或生理的领域,一阵风是一个矛盾,因为一阵风从不同的或非辩证的角度看来既是冷又是暖,但一个健康良好的身体能解决这个矛盾,并且不在意这风。信仰也是如此。

缺乏可能性意味着对于一个人每件事情或者已成为必然,或者已变得琐碎平常。

决定论者和宿命论者是在绝望中,并且作为一个在绝望中的人失去他自己,因为对他来说每件事情已成为必然性。他像那饿死的国王,因为他的所有食物都变成了金子。人的身份是可能性和必然性的综合,它的继续存在就像由吸入和呼出组成的呼吸。决定论者的自我不能呼吸,因为只呼吸必然性是不可能的,那将完全窒息一个人的自我。绝望中的宿命论者已失去了上帝和他的自我,因为没有一个上帝的他也就没有一个自我。宿命论者没有上帝,换句话说,他的上帝是必然性;因为对上帝来说每件事情都是可能的,那么上帝就是这个——每件事情都可能。因此,宿命论者的上帝崇拜至多是一个感叹词,并且,这本质上是沉默无语,一个默默的投降。这就意味着他不能去祈祷。祈祷也是呼吸,而且可能性对于自我如同氧对于呼吸的作用。不过,单独的可能性或单独的必然性不能作为祈祷者呼吸的条件，正如单独的氧气或单独的氮气不能作为呼吸的条件一样。对于祈祷者，必须有一个上帝，一个自我和可能性，或者一个有孕育能力的自我和可能性，因为上帝的存在意味着每件事情都是可能的，或者每件事情都可能就意味着上帝的存在。只有这样的人，他的存在被如此地震撼，以至他凭借理解一切都是可能的而成了精神的存在，只有他才能与上帝打交道。上帝的意志是可能的〔这个信念〕使我能够祈祷。如果只有必然性，人就从根本上像动物一样无言了。

这相当不同于庸俗资产阶级的心智状态，即琐细浅薄，而这种心智状态从根本上也是缺乏可能性。庸俗资产阶级的心智状态是无精神性。决定论和宿命论是精神的绝望（despair of spirit），但无精神性也是绝望。庸俗资产阶级的智力缺少所有精神的属性，并且完全被可能性所包卷，在那里可能性找到它的小角落。因此，它缺乏能意识到上帝的可能性。庸俗资产阶级的想象总是被剥夺的，不管是酒馆掌柜还是总理大臣，他都是活在关于事情怎样进行、什么是可能的、什么经常发生这一类经验的琐碎概要之中。以这种方式，庸俗资产阶级已失去了他的自我和上帝。一个人要能意识到自我和上帝，想象力必须将他抬升到高过潮湿瘴气迷漫的可能性之处，它必须将他从这可能性的瘴气那里扯开，并且通过提供超出一切经验标准的可能性，教他去希望和畏惧，或是畏惧和希望。但是庸俗资产阶级的心智没有想象力，不愿要想象，憎恶想象，所以得不到那种境界的帮助。如果有时生存提供超出了寻常经历中人云亦云的智慧的令人毛骨悚然的经验，那么，这庸俗资产阶级的心智就会绝望，而且这也就说明它过去也是处于绝望之中；它缺少能够在上帝面前拯救自我于崩溃的信仰可能性。

然而，宿命论和决定论有足够的想象去对可能性绝望，有发现不可能性的足够的可能性；庸俗资产阶级心智用陈腐的和明显的东西来重新肯定它自己，并且不管事情的进展是好还是不好，它都处于绝望之中。宿命论和决定论缺少松弛、缓和及软化必然性的可能性，并因此缺乏慰藉的可能性。庸俗资产阶级心智认为它控制着可能性，认为它自己已经把极大的伸缩性骗入了圈套或可能性的疯人院，已使可能性成为囚犯，将可能性关押在可能性的囚笼中而被展览。因此它想象自己是主子,没有觉察到恰恰是借此它已把自己监禁在无精神的被奴役状态,并且是天下最不幸的。迷失在可能性中的人带着绝望的鲁莽翱翔在高空;视一切为必然的人把自己在生活中搞得精疲力竭,并且在绝望中被压碎;但庸俗资产阶级智力却获得无精神性的胜利。

乙、由意识定义的绝望

绝望不断增加的强度依赖于意识的程度或意识增加的比率。意识的程度越高,则绝望的强度越强。无论在哪里这都是显而易见的,而最明显之处是在绝望的最高点和最低点。魔鬼的绝望是最强烈的绝望,因为魔鬼是纯精神的,因此是绝对的意识,并且是透明的;在魔鬼那里不存在任何能够作为缓和借口的昏暗晦涩之处。因此,他的绝望是绝对的挑战和违抗(defiance),这是绝望的最高点。绝望的最低点是这样一种状态,即一个人从人的角度出发会倾向于说:它处在一种无知的状态,它甚至不知道这就是绝望。当这种无意识最多的时候,绝望也就最少。称这种状态为绝望是否明智几乎是一个辩证的问题。

一、无知于绝望的绝望，或对于有一个自我和一个永恒自我的绝望着的无知

这种状态仍然是绝望、并且被这样正确地指出来这件事实表明了，在最确切的意义上，什么可以被称作真理的顽固性。Veritas est index sui et falsi（真理既是它自身的标准，又是谬误的标准），但这真理的顽固性肯定不被尊重。同样地，人们远没有将同真理的关系，即他们自身同真理的关系视为最高的善。他们也远没有苏格拉底式地认为以这种方式处于错误之中是最不幸的，因为他们的感性通常远胜过他们的理智。例如，当一个人被假定是幸福的，或他想象他自己是幸福的，那么即便凭借真理之光可看出他并不幸福，他通常还是极不愿意脱开他的错觉。相反，他变得狂暴，他认为要这样做〔即指出他实际上并不幸福〕的人是他最可恨的敌人，他认为这是侮辱，是近乎谋杀的事情，因为这么做就相当于谋杀了他的幸福。为什么呢？因为感性和感性心理完全支配了他；因为他生活在感性的快活和不快活的范畴中，而同精神、真理等无缘；

因为他太重感性，以至于没有勇气去冒险成为精神或承受住精神。不管人们如何虚荣和自负，他们对于自己通常只具有一种很贫乏的概念。也就是说，他们对于成为精神，即一个人能够成为的最终极状态毫无概念。然而他们凭借着与他人比较，还能保持虚荣和自负。让我们想象一间有地下室、一层楼和二层楼的房屋，它被这样设计，以便居住者按楼层有或假定有社会的差别。现在，如果将做一个人类存在者相比于这样的一间房屋，那么，情况就实在太糟了。令人可悲又可笑的真理就是：大多数人在他们自己的房屋中宁愿生活在地下室里。每一个人类存在者是一个朝向精神的心理—生理综合体，这就是他的生存建筑物，但他却更喜欢生活在这建筑物的地下室里，即生活在感性范畴之中。此外，他不只喜欢生活在地下室——不，他是如此过分地迷恋它，以至于如果任何人建议他搬到那空着的并由他支配的（因为他毕竟是正生活在自己的房屋中）富丽堂皇的上层去，他都会愤慨万分。

不，与苏格拉底正相反，存在于错误当中是人们最少害怕的〔状态〕。有多得足以惊人的例子说明这一点。一个思想家建立起一座巨大的建筑、一个体系、一个包容着全部存在、世界历史等等的体系。然而，如果考虑到他的个人生活，那么令我们诧异的可怕而可笑的发现是，他自己却不亲自住在这座巨大的圆顶宫中，而是住在宫殿旁边的小棚子里，或在一个狗舍里，或最好也就是住在看门人的住所里。哪怕只有一个字使他想起这种矛盾，他就会感到受了侮辱。因为，只要他完成这体系，哪怕是凭借这错误来完成，他就根本不在乎处于错误中。

因此，不管一个人知不知道他处于绝望之中，也改变不了他是在绝望中这个事实，如果绝望是困惑，那么对绝望的无知只会增加它的错误。无知同绝望的关系类似于无知同焦虑的关系。（见《焦虑的概念》，维吉尼乌斯·豪夫林西斯著）[1] 刻画无精神状态的焦虑恰恰是以它的无精神的安全感为识别标志的。而且，焦虑处于底层，同样的绝望也是处于底层。并且，当幻觉的蛊惑过去时，当生存开始摇晃时，那么绝望也就立刻显现为是处于底层的。

同一个有绝望意识的人相比，对他的绝望无知的绝望个体仅仅是一个更加远离真理和获救的否定

---

1. "维吉尼乌斯·豪夫林西斯"（Vigilius Haufniensis）是克尔凯郭尔发表《焦虑的概念》（1844年）时用的笔名。

性。绝望本身是一个否定性，对它的无知是一个新的否定性。然而，要达到真理，一个人必须经过每一个否定性，就如同那个关于破除某个魔咒的古老传说所讲的：这咒语必须被反着说才会被破掉。然而，只在一个意义上，也就是在纯辩证的意义上，对他的绝望无知的个人比知道并仍然停留在绝望中的人要更远离真理和获救。而在另一种意义上，在伦理的—辩证的意义上，意识到他的绝望并保持在绝望中的人更远离于获救，因为他的绝望更强烈。无知远不能破除绝望或变绝望为不绝望，因此它能在事实上成为绝望的最危险形式。出于他自己的非道德化，以无知的方式处于绝望中的个人是在以一种安全的方式抗拒对绝望的意识，即是说，他在绝望的力量中是很安全的。

当一个个体对他存在于绝望中的状态无知的时候，对于他作为精神的自身最缺少意识。但这不意识到自身的精神性的状态恰恰就是绝望，或无精神性的绝望，不管这种状态是一个彻底濒死的、仅仅是植物样的生命，还是一个热情的充满活力的生命，秘密所在仍是绝望。在后一种情况下，绝望的个体像是个结核病人，当病到最关键的时候，他却感觉很好，认为他自己格外健康，并且似乎要对别人辐射出健康。

绝望的这种形式（对于绝望无知）是世界上最常见的，的确，我们所称的世界或更精确地说基督教所称的世界，包括异教世界和在基督教世界中的自然人，即历史上曾是并且现在仍是的异教徒世界（在基督教国家中的异教世界）是绝望的，但却不知道这一事实。可以肯定，异教徒和自然人对在绝望之中的状态和不在绝望中的状态做了区分，也就是说，他们谈论起绝望来就好像只有某些个人才绝望过。但这区分正像异教徒和自然人对于爱和自爱的区分一样是误导的。似乎这所有的爱本质上不是自爱似的。超出这误导的区分，异教徒和自然人就再也不可能前进一步，因为对处于绝望状态中的无知正是绝望的一种特征。

这就表明了，无精神性的美学概念绝没有提供什么是绝望和什么不是绝望的判断标准。附带说一下，这是显然的事，因为如果什么是精神不能被美学式地定义，那么美学怎么能回答一个对它来说是显然不存在的问题呢？去否定个别异教徒和所有异教国家已取得的那些曾经激发过并仍将激发诗人灵感的惊人业绩是非常愚蠢的,去否定异教徒夸耀的那些从美学上讲简直不能被充分赞美的光辉范例也是非常愚蠢的;否认在异教世界中自然人能够并确实过着一种从审美的愉悦上讲是非常丰富的生活,否认他能以最优雅的方式用每一种可爱的东西来使自己满足,甚至于让艺术和科学来加深、美化和精练他的欢乐,似乎也不是聪明之举。不,〔问题在于〕无精神的美学范畴不提供什么是绝望和什么不是绝望的标准。必须采用的是伦理—宗教范畴,即精神或(否定地)精神的缺乏,即无精神。每一个没有意识到其精神自身或其面对上帝的精神自身的人类生存状态,每一个不完全彻底地依止于上帝、而是含糊地依止于和沉没于某种抽象的普遍性(国家、民族等等)的人类生存,或者那种对自己毫无所知、将他的能力仅仅视为产生的力量而不深切意识到这些能力的源头所在的生存,或者将他自己的内在意义视为某种不可确定的东西的人类生存——所有这些生存,不论它们取得什么极其惊人的成就,不论它们说明了什么,哪怕是整个生存,也不论它们何等强烈地从美学角度享受生活;所有这些生存也还是绝望。当古代的教父们说异教徒的美德是闪光的罪恶时,他们的意思是:信奉异教的心灵是绝望的,异教没有面对上帝的精神意识。这就是为什么异教徒(引此为例,尽管它以更深的方式触及这整体的考察)以这样完全不负责任的态度来判断自杀,赞美自杀,而这对于精神来说是最重大的罪,因为它以此方式逃脱生存,背叛上帝。异教徒缺乏自我的精神定义,因此它以那种方式判断自杀(谋杀**自我**),但就是以那种方式判断自杀的异教徒却对偷盗、不贞等做出了严厉的道德判断。他缺乏对自杀的看法,缺乏与上帝的关系和自我。在纯异教思想中自杀是中性的、完全该由每一个个人来决定的事情,因为它不是别人的事。如果一个反对自杀的劝告来自异教的观点,它就必须以又长又绕的方式来表明自杀会破坏与其他人的义务关系。自杀基本上是一个反上帝的罪行的观点完全没有被异教徒注意到。因此,不能说自杀是绝望,因为这样的评论是一个无思想的倒逆推论,但却可以说由异教徒做出的关于自杀的判断是绝望。

然而,在更严格的意义上的,异教和基督教世界中的异教之间存在着和保持着一种不同。这是一种性质上的不同,区别在于维吉尼乌斯·豪夫林西斯在讨论焦虑所指出的,即异教尽管缺乏精神,但在精神的取向上还是合格的。基督教世界中的异教徒则是在违背和离开精神的意义上缺乏精神,因此在最严格的意义上是无精神的。

二、意识到绝望的绝望并因此而意识到有一个其中有某种永恒性的自我,于是在绝望中不要成为它自身或者在绝望中要成为它自身

当然,这里必须区别的是那意识到他的绝望的人是否真的具有绝望是什么的概念。应该承认按照他自己的绝望观念,他能够相当正确地说他是在绝望中。对于存在于绝望中这个事实他可以是正确的,但那并不意味着他有真正的绝望概念。如果他的生活按照绝望的真实概念来被思考的话,另一个人就可能必须说:你在绝望中从根本上要比你所知道的陷得更深,你的绝望是处于一个更深得多的层面。异教徒的情况也是这样(回忆一下前面所提及的)。当他通过把他自己同别人相比较而认为自己存在于绝望中的时候,他对于他存在于绝望中的看法可能是正确的,但他认为别人不处在绝望中就错了。这也就说明他还没具有绝望的真实概念。

一方面,绝望的真实概念对于有意识的绝望是必不可少的;另一方面,就明晰的看法与绝望可以并存而言,对自身有明晰的看法是必要的。在什么程度上人对于在绝望中的自身状态完全明了,能够同存在于绝望中的状态结合起来,即这种知晓和自知的明晰性是否可以不将一个人从绝望中驱赶出来,使他自己恐惧到不再滞留于绝望中,这里我们尚不能确定。我们甚至不做这个方向上的尝试,因为这整体的考察将在后面着手进行。我们没有把这观念追寻到这个辩证的极端,而只是指出,正如关于绝望是什么的意识水平能够极度变化一样,一个人对自己的绝望状态的意识水平也能如此变化。现实的生命是如此复杂,以至于无法在其中仅仅指出(比如)完全不意识到绝望的绝望状态和完全意识到绝望的绝望状态之间的抽象差别。绝望中的人大概经常有关于他自身状态的朦胧观念,虽然这里需再次强调细微的差别是极多样的。在某种程度上,他意识到存在于绝望中的方式就如同一个带着他的生理疾病漫步的人不想坦率地承认这疾病的真实性质的方式一样。在某一时刻,他几乎肯定他是在绝望中;在下一个时刻,他的微恙似乎又有一些别的原因，一些他自己之外的原因，并且如果这状态被改变了，他或许就不在绝望中了。或者他可以试图通过分散注意力和以别的方式把他自己的状态隐藏在黑暗中，例如通过工作和忙碌来这样做；以这种方式，他却并没有完全认识到这样做的原因，即要去将自己保持在黑暗中。或者，他甚至可以认识到他正以这种方式工作着，为的是使他的灵魂沉入黑暗，并且他是以某种敏锐的辨别力和精明的计算，以心理的洞察力来这样做的。但在更深的意义上他对他在做什么，他是怎样绝望地引导着他自己等等，都没有清醒的认识。的确，在所有的黑暗和无知之中，存在着知晓与意愿之间辩证的相互作用；而在理解一个人时，只强调知的一面或只强调意愿的一面都会出错。

正如前面所指出的，意识的〔更高〕水平会强化绝望。如果一个人仍然滞留在绝望中，他越是具有关于绝望的真实概念，对于处于绝望中的状态的意识越清楚，他的绝望的程度就相应地越强。一个认识到自杀即绝望、并在这个程度上对于绝望性质具有真实概念的人，当他去自杀时，相比于那没有这种概念的自杀者，就处于一种更强的绝望状态中。

相反，他的绝望概念越少真实性，他绝望的强度也越小。另一方面，一个有着更清楚的自我意识的人的自杀，比起一个相对而言是混乱和昏暗的灵魂的人的自杀来说，是处于更强烈的绝望状态之中。

我下面将以这样一种方式来考察绝望意识的两种形式，以便同时指出这样一个事实，即〔随着绝望形式的改变〕对于绝望性质的意识在提高，以及对于一个人的状态是绝望的意识也在提高。换句话说或说得更鲜明一些，我将指出这是对于自我的意识在提高。绝望的对立面是有信仰。因此，以上所描述的那个丝毫都不绝望的状态的公式是完全正确的，并且这公式也是关于信仰的公式：在自身与自身的关联中并在要成为自身的意愿之中，这自我完全彻底地依止于那建立它的力量（参见A，甲）。

1. 在绝望中不要成为自身：软弱的绝望

称这种形式为软弱的绝望就已经包含了对于第二种形式的绝望（见以下第二小节），即在绝望中要成为自身的某种考虑。因此，它们之间的对立只是相对的。没有任何绝望是完全没有违抗之意的。的确，短语"不要成为"中就暗含着违抗。另一方面，甚至绝望中包含的最极端的违抗也绝不会真正免除了软弱。所以，区别只是相对的。如此说来，一种形式是女性的绝望，另一种则是男性的绝望。

（1）对于世俗的绝望或对于世俗事物的绝望

这是纯粹的直接性（immediacy）或含有量的反思的直接性。这里不存在对于自我的无限意识，对于什么是绝望的无限意识，或作为一种绝望的条件的无限意识。绝望只是一种痛苦，是对于外在因素的压力的屈从，它作为一种活动绝不会来自内部。"自我"和"绝望"这些词在直接性语言中的出现要归因于无知地滥用语言和语言游戏，就像孩子们扮演士兵的游戏一样。

直接性的人只是心理上合格的（如果不经任何反思的直接性确实能够存在的话）。他的自我、他自身是在时间性和世俗性的维度中、在同"他人"的直接联系里的一个伴随物。并且，在其中只有关于永恒事物的虚幻显现。自我实际上是消极地在需求、渴望、快乐等方面被绑缚在与他人共存的直接性之中，在渴望中，这自我是一个被给予者，就像一个儿童的"我"。它的辩证法是：愉快和不快；它的概念是：好运、倒霉、命运。

现在打击这直接性的自我并使其绝望的事情发生了。在另一层意义上，在这个地方这事情又不能发生；因为这自我没有反思，对绝望来说就必须存在一个外在的动机，并且这绝望并不比屈从更多什么。由于"命运的打击"，对于一个直接性的人来说这打击所涉及者就是他的整个生命，或者，就其还有一点点反思而言，他特别执着的那一部分就被从他那里抢走了。简言之，他变成按他所说的不幸的人，即他的直接性遭到了使它自身不能恢复的毁灭性的打击：于是他绝望了。或者——虽然这在现实中是罕见的，从辩证的角度看却是相当合理的——这直接性的绝望是由在直接性中的人所称之为不寻常的好运所引起的。因为这种直接性极其脆弱，每一需要对它反思的过分举动都会把它带入绝望。

因此，他绝望，即在对他自身的奇怪颠倒和完全困惑中，他叫它绝望。但绝望就是失去永恒，而他丝毫不谈及这种丧失，他对它讳莫如深。就绝望本身说来，丧失世上的东西是不至于绝望的，但这就是他所谈论的、所称道的绝望。在某种意义上他所说的是真的，但并不在他理解的意义上。他处于颠倒的位置，他所说的必须被倒过来理解：他所称的绝望并不是绝望。同时，绝望正处在他背后，而他却一无所知。这就好像某人背对远处的市政厅和法院，却直指前方并说那里有市政厅和法院。如果他转过身去，他就对了。他不在绝望中的判断是不真的，所以他去谈论绝望是对的。他声称他在绝望中，他认为他自己死了，只剩下他自己的影子。但他没有死，人们可以说这人的生命还在。如果所有外部的东西突然改变，如果他的需求被充分满足，那么他可能又有了生命，他的自发性和直接性又再度增强，他可能再度开始全部生活。这是直接性所知道的唯一努力方式，它所知的唯一〔可做〕的事情就是去绝望和昏厥，但他所知最少者就是绝望。他绝望和昏厥着，完全躺倒，好像死了，就像恶作剧的"装死"一样。这直接性类似某些低等动物的状态，它们没有武器或防御手段，只有一动不动地躺下并装死。

同时，时间流逝着。如果救助来自外部，绝望中的人再度活过来，他们就又从断处开始；他不曾是自我，也不曾成为自我，但他继续活着，只被直接性所限制着。如果没有外在的帮助，在现实生活中其他事情也会频繁发生。不管发生了什么，这人仍有生命，但他却说"他不再是他自己了"。现在，他多少得到了一些对生活的理解，他学会了模仿别人，学到了他们处理其生活的方式——现在他以同样的方式继续生活。在基督教世界中他还是个基督徒，每星期天去教堂，倾听和理解本堂牧师的布道。的确，他们之间有相互的理解。他死了，花十元钱请牧师引他进入永恒——但他不曾是过自我，也没成为过一个自我。

绝望的这种形式是：在绝望中不要成为其自身。或更低一等：在绝望中不要成为一个自我。或最低等的：在绝望中要成为别人，希冀一个新的自我。直接性实际上没有自我，它不知道其自身。因此它不能够认出自身，在一般情况下只能在幻想中完结。当直接性绝望时，它甚至没有足够的自我去让它希望或梦想自己已经成为它实际上并未成为的人。直接性的人以另一种形式帮助他自己：他希望成为别人。这是通过观察直接的人很容易证实的。当他处在绝望中时，最渴望的就是做一个别人或成为别人。从人的角度看来，他虽然是处于绝望中，却如此天真无知，因而在任何情况下，都很难不对以这种方式绝望的人施以微笑。一般说来，在这种方式下绝望的人是非常滑稽可笑的。想象一个自我（除了上帝，没有任何东西像自我一样永恒），然后想象这个自我突然想到它可以成为别人而不是它自己。绝望的人也是这样，他的唯一需要是这种最疯狂的变形，是稀里糊涂地幻想着这种改变能像换衣服一样地容易实现。直接性的人不了解他自己，他确确实实是只凭他穿的衣服来辨别他自己，他靠外在性辨认有一个自我（这里再度显出极端的滑稽）。很少有比这更可笑的错误，因为自我的确无限地不同于外在性。所以，对直接性的人来说，当外在的东西已完全改变、而他已绝望之时，他就会再进一步。他这样想并这样希望：假如我变成别人，给我自己一个新的自我将会怎样。那么好，倘若他真的变成了别人又会怎样？我不知道他是否还会认出他自己。有一个故事讲的是一个农民光着脚带着足够的钱到镇上去给自己买了一双袜子和一双鞋。接着，他喝醉了，醉醺醺地想找到回家的路，后来他倒在路中间睡着了。一辆四轮马车沿路而来，赶车的人大声喊他挪一挪，不然的话就要让马车从他腿上轧过去。这时喝醉酒的农民醒了，看着他的两条腿，因为穿了新的鞋和袜子而没认出它们，就说："来轧吧，它们不是我的腿。"当直接性的人绝望时，要非喜剧地真实描述他是不可能的。如果我可以以这种方式来处理它，那么以那种行话去谈论自我和绝望在某种意义上已是一项功绩了。

如果直接性有了某种反思，绝望就会被略微缓解，对于自我的意识以及由此而来的对于绝望的本性和人的绝望状态的意识就会产生。对这样一个个人，谈论在绝望中的存在是意味着某种东西的，但这种绝望本质上是在软弱、痛苦中的绝望，并且它的形式是：在绝望中不要成为其自身。

对于纯直接性的超出立刻表明在这样一个事实上，即绝望并不总是被某个打击或被某些事情的发生所引起，而是能被人的反思能力所引起。所以当绝望出现的时候，它不仅是痛苦和对于外部环境的屈从，而且在某种程度上是自身的活动或一个行为。某种程度的反思的确在这里出现，因此也就出现了某种程度的对于人的自我的思索。随着这一定程度的反思就开始了区分的活动，于是自我意识到它自身本质上不同于环境和外部事件，也不同于它们对它的影响。但这只是在一定程度上如此。当带有一定程度的自身反思的自我要对自己负责时，它可以在自我的结构、自我的必然性方面遭遇到这样或那样的困难。正像没有一个人的身体是完美的一样，也没有一个自我是完美的。不管这困难是什么，它使他退缩了。或者某些他碰到的事情比他已做过的反思更深刻地破除了他的直接性，或者他的想象力发现了一种可能性，如果这可能性最终成为现实，也会造成对直接性的破除。

所以他绝望了，同自我肯定的绝望相反，他的绝望是软弱的绝望，一种自我痛苦。但凭借他所具有的有关反思，他试图保持住他的自我，并且这构成了与直接性的人的另一种区别。他感到放弃自我是一种交易，因此当打击降临的时候，他就不会像直接的人那样崩溃。反思帮助他理解到，他能失去很多东西而不失去自我。他做出妥协，他能够这样做。为什么呢？因为在一定程度上他已把自己同外在性的东西分离开，因为他有一个模糊的观念，在自我中甚至可能有某种永恒的东西。虽然如此，他的努力是徒劳的，他遇到的困难要求整个地破除直接性，而他没有对这做过自我反思或道德反思。他没有凭借从一切外在性中无限地抽身或抽象出来而赢得一个自我意识或赤裸裸的抽象自我。这抽象自我与被外物完全遮盖着的直接性自我相比，是无限自我的第一种形式和这样一个全过程的推动力，在此过程中，一个自我对它的实际自我连同其全部难处和长处完全负责。

于是他绝望，并且他的绝望是：不要成为他自身，但他肯定不怀有要成为别人的荒唐可笑的观念。他保持着同他的自我的关系——反思已在那样一个程度上把他同自我维系在一起。他同自我的关系就像一个人与他的居住地的关系一样（滑稽可笑之处在于自我肯定不像人们有一个居所一样地同它自身有一种偶然的关系），而这居住之处因为乌烟瘴气或别的什么原因，变得令人十分厌恶。所以他离开它，但没有搬家，没有建造一个新的住处。他继续认老地方是他的住址，他想象着问题将消失。绝望中的人也是如此。只要困难持续着，他就没有胆量像格言那样明确地宣称"回归自我"，因为他不愿成为他自己。可以假定这一切将过去，或许变化将发生，这幽暗的可能性大概将被忘却。所以只要困难持续着，他就会寻访他自身，也就是说只是偶然地去看一看变化是否已经开始。只要开始变化，他就会再回到家中，就像他说的"又是他自身了"，但这仅仅意味着他从他离开的地方开始。在一定程度上，他曾是自我，而且再也不会超出它。

如果没有变化，他就寻求别的治疗方法，即完全脱离开成为真正自我的那种内在方式。在更深的意义上，自我的全部问题在他灵魂的背景中变成了一扇欺骗之门，门后是虚无。他占用了他自己的语言所称的自我，即他可以拥有的不管什么能力、天赋等；他占用了这一切，但方向是朝外的，像他们所说的朝向生活，朝向现实，朝向活跃的生命。他的行为举止非常谨慎，带着他在其自身中有的那一点点反思，害怕他在背景中所拥有者可能再度出现。他设法一点一点地忘掉它，随着时光的流逝，他发现它几乎是荒唐可笑的，特别是当他同别的能干和有活力的人在一起时，看到他们对现实生活的感觉和态度时，就更有这种感觉。多么迷人啊！现在他已幸福地结婚多年，像小说中所说的，是一位有活力和事业心的人，一位父亲和公民，甚或是一位头面人物；在家中他自己的房间里，仆人称他"大人"；在镇上他置身于那些冠有"尊敬的"人之称的行列。他的言行举止是基于人们的尊敬，基于别人对一个人的品评以及按人的社会地位所做的判断。在基督教世界中他是一个基督徒（在完全相同的意义上，在异教世界中他是一个异教徒，在荷兰他是一个荷兰人），有教养的基督徒中的一员。不朽的问题常常占据他的心灵，他不止一次地问过牧师是否有这样一种不朽，是否人们会在实际上再度认出他自己——这些必定是特别吸引着他的事，因为他没有自我。

确切地描述这种类型的绝望而不带有某种讽刺笔法是不可能的。他想要谈论曾有过的绝望是滑稽可笑的，而极可怕的是：在他看来是对绝望的征服之后，他的状况事实上仍是绝望。从理念上来理解，极其可笑之处在于，在如此著名的人世智慧的下面，在所有那些多如牛毛的善言规劝及精明的老生常谈，如"等待观望""别着急""忘掉它"等等下面，关于危险实际上在哪里和是什么，有的只是十足的愚蠢。而且，正是这种道德上的愚蠢是极可怕的。

对于世俗的绝望或对于世俗事物的绝望是绝望的最普通的形式，特别是在第二种形式，即带有定量反思的直接性里。越多的绝望被思考，它就越罕见，它在世上的显现也就越罕见。这绝不证明大多数人没有绝望过,只证明他们不曾陷入特别深刻的绝望中。在哪怕是接近精神的范围内生活的人也是很少的。的确,甚至没有多少人试图这样生活,而做过这种尝试的人中的大部分很快就退缩了。他们不曾学会畏惧,不曾学会完全不依赖任何其他事件的"不得不"。因此,他们不能忍受对他们来说是矛盾的东西,不能忍受在反思中和周围的事物中更加耀眼的东西,所以去关心人的灵魂和要成为精神似乎是浪费世上的时间。的确,这是一个无法为之辩护的、应该受到民法惩罚的时间浪费,如果这惩罚是可能的话。这种举动,在任何情况下都应该被视为对人类的背叛,视为以虚无来无理性地填充时间的违抗式的疯狂而受到嘲讽与蔑视的惩罚。接着,当他们开始转向内心的时候,他们的生活中的一个时刻到来了(注意,这是他们最好的时刻)。可是,当他们遇到最初的困难时,他们就转身离去,似乎是这条小路把他们引向一片昏暗的沙漠——当大家几乎都躺在芳草如茵的绿野之上的时候。于是他们放弃了向内的追求,并很快忘掉了那段时光,那段他们生活中最好的时光——唉,忘了它吧,它不过是孩子气的一次发作而已。他们也是基督徒,这一事实是靠拯救他们的牧师而一再被确认的。就像以上所说明的，这种绝望是最平常的，平常到它本身就能说明这样一个普通观念，即绝望只是青春的一部分；它只是在早年才出现，但在已经达到小心谨慎年龄的成人那里却发现不了。这是一个大错，或者更正确地说是一个忽视〔最重要事情〕的绝大错误；更糟的是，它忽视的是这样一个事实，即它所忽视的几乎是关于人们能说的最好的东西，因为经常有更糟糕得多的事情〔在人们那里〕发生。它忽视的事实是：从根本上说来大多数人实际上从没有超出过他们的少年和青年的范围，即掺和了些许反思的直接性。不，绝望肯定不只是在年轻时出现的事情，不是那种随年龄的增长就能自然摆脱的东西，"就像人们随年龄增长而摆脱掉幻觉一样"。情况不是如此，即使人们可以相当愚蠢地相信它。相反，我们能很经常地遇到许多男人、女人和老人，他们有像任何年轻人一样的孩子气的幻觉。我们忽视了幻觉实质上有两种形式：一种是希望的幻觉，一种是回忆的幻觉。青年有希望的幻觉，成人有回忆的幻觉，但正是因为成人有这种幻觉，他才有非常偏颇的对幻觉的理念，以为只存在希望的幻觉。当然，成年人不被希望的幻觉所烦扰，但代之而来的是被别的离奇古怪的幻觉所苦，它们之中就有看不起青年人的幻觉，假定自己能从一个无幻觉的更高处来看事情的幻觉。年轻人有幻觉，希望有来自生活和来自他自己的不寻常的事情。作为相应的补偿，成年人经常被发现有关于他青年时的记忆的幻觉。一个假定把所有幻觉都留在身后的老年妇女也常被发现，当事情涉及她对自己作为一个年轻姑娘的青年时代的回忆时，她就像任何年轻姑娘一样具有稀奇古怪的幻觉，〔她幻想〕她那时是何等幸福，何等漂亮，等等。我们已知的这些对老年人很平常的事情，与年轻人对未来的幻觉相比是同样大的幻觉：他们都在欺骗或杜撰。

认为绝望只属于青年人的错误观念在很大程度上也是另一种形式的孤注一掷和绝望。而且，这是很愚蠢的，它只表明这种观念的持有者缺乏关于什么是精神的判断力，而且它还伴随着在鉴别人是精神而不仅是动物这个问题上的失败；他们认为信仰和智慧来得很容易，就像随着年头的增长而长牙、长胡子一样。不，无论一个人可以自然达到什么，无论什么事情可以自然地发生，信仰和智慧肯定不在其中。事实上，从精神的观点看来，一个人不能靠熬年头而达到任何东西；这个概念确是和精神极端对立的。相反，人却很容易随岁月的消逝而遗失某些东西。一个个人可以丢弃一点热情、感触、想象和他曾拥有的内心世界，并将对生活的琐碎理解视为当然如此的事情（因为这种事情自然地发生）。在他看来，这改善了的条件和状态肯定已随着年龄的增长而出现，而现在在绝望中的他正思考着美好的事情；他很容易对他自己再度确认（在某种讽刺的意义上，没有什么是更加确定的了），他现在绝不可能陷入绝望——没错，他已经保护了他自己。但他仍在绝望中，在缺乏精神的绝望中。如果不是因为〔我知道〕苏格拉底了解人的话，我会难于理解为什么他喜欢青年人。

如果一个上年纪的个人没有陷入最琐碎的绝望，也绝不能得出绝望只属于青年人的结论。如果一个人真的随年岁而成长，如果他在根本的自我意识方面变得成熟，那么他可能是在更高的形式上绝望。如果他从根本上没有随年岁而成长，尽管他也没有完全陷入琐碎的事情中去，即如果他没有比一个年轻人更进一步的发展，即使他是一个成年人、一个父亲，两鬓如霜却仍保留着一些青春的美好，他就正像青年人一样容易陷于对世俗的绝望或对世俗事物的绝望。

在那样的成年人的绝望和青年人的绝望之间很可能存在着区别，不过，这不同是纯偶然的，没有什么实质上的含义。青年人把未来作为在未来中的现在，并对这种未来绝望。在未来中存在着一些他不愿承担的事情，因此，他不愿意或不要成为他自己。成年人把过去作为在过去中的现在，并对这样的过去绝望，以此拒绝进一步退入过去，因为他的绝望没有被他成功地完全忘掉。这过去甚至可以是应由悔悟来拥有和监管的事情。但如果悔悟产生了，首先必须存在有效的绝望和彻底的绝望，以使精神生活能够有一个从下向上的突破。但因为他处在绝望中，他就不敢做出这种决断。他仍然待在那里忍耐着，而时间流逝过去，除非在更深的绝望中，他靠忘却绝望成功地治愈了绝望，并且不但不悔过，他倒成了他自己的被偷财物的接收者。但实质上青年人的绝望和成年人的绝望仍是相同的；这里绝不存在这样一种变形，在其中自我的永恒意识实现了突破，以致引发了这样一场战斗，它或者在更高形式上强化绝望,或者导致信仰。

那么,在这样两个到目前为止还被同义地使用的表达式,即对于世俗的绝望(整体的范畴)和对于世俗事物的绝望(个别)之间存在不存在基本的差别呢?的确是存在的。当想象中的自我对这世界以无限的热情绝望时,它的无限热情将个别的事物或某个事物改变成了作为一个整体的世界,即整体的范畴从本质上属于了绝望的人。严格意义上的世俗的和暂时的事物就是那些分裂的个别东西。丧失或剥夺每一个世俗事物实际上是不可能的,因为整体性的范畴是一个思想范畴。结果,自我无限地放大了实际的丧失,然后对世俗整体产生了绝望。但是,只要(对于世俗的绝望和对于世俗事物的绝望之间)的区别肯定从根本上被保持住了,在自我意识方面就会有一个基本的进展。那么,这对于〔作为一个整体的〕世俗的绝望之公式就是对绝望的另一种形式的辩证式的初步解释。

(2)关于永恒的绝望或对其自身的绝望

只要是绝望,对于世俗的或对于世俗事物的绝望实际上也就是关于永恒的绝望(despair of

the eternal）或对于其自身的绝望（despair over oneself），因为这的确是所有绝望的公式。但是可以说以上所描述的绝望的个人并不意识到在他后面正在进行的是什么。他认为他对于某种世俗事物绝望了，并不停地谈论他对之绝望的事物，但他〔实际上〕正陷入的是关于永恒的绝望，因为事实上他把极高的价值归于了某种世俗的事物。或者，更进一步地推论，他给世俗的事物赋予了极高的价值，或者他先将世俗的某事物变成整个的世界，然后，再把如此高的价值归于这世俗世界，这在事实上就是陷入了关于永恒的绝望。

这绝望是向前迈出的重要一步。如果前述的绝望是**软弱的绝望**的话，那么这个绝望就是**对于他的软弱的绝望**。同时它仍保留在这个范畴，即不同于违抗的绝望（见下面第2节）的软弱绝望的范畴中。因此，这两种绝望之间只有相对的区别，即前一种绝望形式以软弱的意识为它的最终意识，而在后一种绝望中，意识并不止于、而是升到一个新的意识，即关于他的软弱的意识。绝望中的人认识到把世俗看得如此重要就是软弱，这是对绝望的软弱。但现在，他不是明确地离开绝望而转向信仰，并且深自谦卑于自己的软弱，而是扎根于绝望之中，并且对他的软弱产生绝望。在这样做的过程中，他的整个看法转变了：他现在具有了更清醒的绝望的意识，他有了关于永恒的绝望，他对他自身、对如此软弱以至于把非常重要的意义归于世俗的他的存在绝望。现在这软弱的存在对他来说成了绝望的象征，象征着他已失去了永恒和他自身。

下面讲的就是这个进展过程。首先出现的是关于自我的意识，因为关于永恒的绝望没有一个自我概念是不可能的。这概念意味着在自我中存在着一些永恒的事物，或者已有一些永恒的事物在自我中。如果一个人对他自己绝望，他必须意识到有一个自我，并且他正是在对这自我绝望，而不是对世俗或世俗事物绝望。此外，这里存在着一个关于绝望是什么的更重要的意识，因绝望确实就是永恒和其自身的丧失，当然也存在着一个意识到他的状态是绝望的更重要的意识。那么，这里的绝望也就不仅是痛苦，而且是行动。当世界被从自我那里夺去并且这个人绝望了时，绝望似乎来自于外部，即便事实上它总是来自于自我；但当自我对它的绝望绝望时，这新的绝望来自于自我，作为相反的压力（反作用）

直接或间接地来自于自我。因此，它不同于直接来自于自我的违抗。最终说来，这仍是前进了一步，尽管是在另一种意义上。只因为这绝望是更强烈的，在某种意义上它也就更接近于得救。忘掉这种绝望是困难的，它太深刻了，但只要这绝望是开放的，就存在着获救的可能。

尽管如此，这绝望被划为以下的形式：在绝望中不要成为自身。就像一个不让儿子继承自己财产的父亲，这自我在如此软弱之后便不愿承认它自己。在绝望中它不能忘记这软弱，它以某一种方式痛恨他自己，不愿在信仰中对它的软弱深自谦卑，以便借此恢复它自身。不，在绝望中它不寻求听到任何关于它自己的事情，它本身也不知道说什么。而且也不存在这样一种可能，即靠忘却或疏忽得到帮助，凭借遗忘，进入无精神的范畴，然后成为一个像别人和别的基督徒那样的人和基督徒——不，因为这自我已具有太多的自我。就像经常发生的那种与剥夺儿子继承权的父亲有关的情况一样，这里外在的环境几乎没有什么帮助。他不能靠剥夺继承权来使他摆脱掉他的儿子，至少不能在他思想中做到这点。常有的情况是，一个恋人诅咒那个他深恨的（他所爱的）人也还是帮不了他多少忙，反之这诅咒使他更加受缚于他所又爱又恨者。所以〔当事关自身时〕绝望的自我无法〔通过不承认自己而〕摆脱自身。

这绝望比较早描述的绝望形式在整个水平上要更深刻，并且属于在世界上较少出现的那种绝望。前面提及的那扇在其后边什么也没有的错误之门，在这里是一扇真实的门，但却是一扇被小心地关闭了的门；它之后坐着观看着它自己的自我，用不愿成为它自身却有足够的自我去爱自身的方式去投入或打发时间。这就是所谓的封藏（inclosing reserve，封闭着的自我克制）。从现在起我们将讨论封藏，它与直接性非常对立，并且除了别的之外，它凭借思想而对直接性极为轻蔑。

在现实世界中有这种〔封藏式的〕自我的人一个也不存在吗？他已从现实性中逃入沙漠、修道院、疯人院了吗？他不是一个真实的、打扮得像别人一样、穿着普通外衣的人类一员吗？当然，为什么不呢？但他不同任何人、任何灵魂分享这关于自我的事情。他觉得不必急于这么做，或者他已学会了克制自己去这样做。就听听他本人关于这自我说些什么：“事实上，这只是纯直接性的人——在精神的范围内他差不多只处于类似小孩子的水平,他以极可爱的无拘无束的方式谈论一切——这只是纯直接的不会抑制住任何事情的人。正是这种直接性经常以很自负的口气称自己为'真实、忠诚、表里如一的老实人'。相比于一个成年人不直接地屈从于一个生理冲动的状态,这种说法的真实性中包含了同样多的不真实性。每一个略带一些反思〔能力的〕自我也知道怎样约束自己。"并且我们这位在绝望中的人有充分的自我封闭以使那关于自我的事情远离那些不该知道它的人,换句话说就是远离每一个人;同时他从外表上看起来哪点都像"一个现实的人"。他是一个大学毕业生,一个丈夫、父亲,甚至还是一个特别能干的公共官员,一个受尊敬的慈父、快乐的伙伴,对他的妻子非常温存,对他的孩子富有人情味地挂念。他是基督徒吗?当然,他也是,但却不喜欢去谈论它,虽然他怀着某种喜悦乐意看到他的妻子热心于宗教,因为那对她有教益。他很少去教堂,因为他感到大部分牧师实际上不知道他们正在谈论什么。他视某个与众不同的牧师为例外并承认此牧师知道自己所谈论的是什么,但他有另外的理由不要听此牧师的谈话,因为他害怕被引出去太远。另一方面，他常常渴望孤独，这对他来说是生活的必需，有时就像是必须呼吸，另一些时候则像是必须睡觉一样。孤独对他比对大部分的人来说更是生活的必需，这一点也表露出他的更深本性。整个说来，渴望孤独是一个人仍然具有精神的迹象，并且是测定什么样的精神存在着的尺度。"极肤浅的非个人（nonpersons）和群体人"是如此不需要孤独，以致他们就像爱情鸟一样，当必须独处的时候，就会很快死去。也像一个小孩子必须哄着才能入睡，这些人需要社会生活的摇篮曲，以便能够吃饭、喝水、睡眠、恋爱等。中世纪和古代一样存在着这种渴望孤独的意识，并且尊重它的意义。然而在今天的持续不变的社交行为里，我们对孤独畏缩到这种地步（多么重要的警句啊！），以至于它除了作为对罪犯的惩罚以外就被认为没有别的用处。但因为在我们的时代拥有精神是一种罪恶，将热爱孤独者列为罪犯一流也就相当合乎情理了。

自我封闭的绝望人一小时接一小时地生活着，即使不是为永恒活着，他度过的时间也与永恒有某种关联，并且涉及他的自我同其自身的关系——但他绝不真正地超出这种状态。当这样做了时，当他的孤独渴望得到满足时,他才走出去,即便是与他的妻子和孩子打交道也是一样。除了他自然的善良本性和职责感,使他成为温存的丈夫和牵挂子女的父亲的是对自己软弱的坦白承认,而这种坦白是他在其被封闭的、最内在的存在中对他自己做出的。

如果他可能与任何人分享他封藏的秘密,如果人们接着对他说:"这是值得骄傲的,你真的应该以你自己为荣。"他大概就不会向任何外人袒露他的秘密了。只有对他自己,他无疑会承认在他的封藏中确有某种东西,但是他凭借着用来解释他的软弱的情感会很快地相信,这东西不可能是骄傲,因为他对之绝望的正是他的软弱。骄傲不会如此极端地强调软弱性,而他也不会因为想要自傲而不能忍受对于软弱的意识。如果有人对他说:"这是一种奇怪的纠缠,一个稀奇古怪的结,因为全部的麻烦实际上是你的思想搓编缠绕的方式,否则它就是很正常的。事实上,这正是你必须采取的进程,你必须经过自我的绝望达到自我。对于软弱而言你是很正确的,但那不是你对之绝望的东西。必须突破自我以便成为它自身,但不要对它绝望"——如果有人以这种方式跟他谈话,在冷静的时候他或许可以理解,但他的情感很快就会使他再次看错,并再度转向错的方面——转入绝望。

上面已说到,这类绝望在世上是相当罕见的。如果它不是停在那里,只原地踏步不前,如果另一方面,他也还没有经历一个把他推上正确的信仰之路的提高过程,这类绝望就或者会变成日益强化的更高形式的绝望并且继续被封藏〔在自我中〕,或者将突破并摧毁那些外在的装饰物,在其中这绝望的人像一个隐姓埋名的人一样一直生活着。在后一种情况下,一个在这类绝望中的人将奋力把他自己投进生命,或者投入伟大事业的转折。他将成为一个不安的精神,他的生命肯定要留下它的标记,一个不安的精神想要忘却的标记,并且对他来说,当内部的躁动变得太强时,他必须采取有力的措施,虽然这是不同于理查三世使用过的为了不听到他母亲的诅咒的方式的另一类措施[1]。或者他在声色中、在放纵的生活中寻求遗忘,在绝望里,他想要回到直接性,但却总是带着他不想有的自我意识。在前一种情况中〔即继续封藏状态并发展出更高形式的绝

---

1. 见莎士比亚戏剧《理查三世》,第四幕第四场。理查三世令随从吹号、敲鼓以便听不到他母亲的谴责。

望〕，如果绝望被强化，它就形成违抗。现在可以看得很清楚，在这整个软弱的状态中有多少不真性，并且下面这一点从辩证的角度看是何等正确，即对于违抗的初次表达正是来自对于他的软弱的绝望。

在结尾部分，让我们再来看一眼那在其封藏状态中停顿不前的封藏人。如果这封藏被（在各方面完全地）保留着，那么他的最大危险就是自杀。当然，大部分人不知道这个封藏人能够持续忍受些什么。如果他们知道的话，可能会极为惊讶。因此，完全封藏的人所面临的危险是自杀。但只要他对一个人公开谈出来，就可能会如释重负，或松弛下来，自杀就不会成为封藏的结果。相比于被完全封闭的人，这个有一位知心人的封藏人有相当可观的缓解余地。可以假定他将避免自杀，然而，可能正因为已向别人公开了他自己，他会对所做之事绝望。对他来说他似乎应该更长久得多地保持在缄默无言中，而不是去找一位知心人。有一些这样的例子，封藏人由于找到一位密友而被投入绝望。以这种方式，自杀仍可以是结局。在诗剧的处理上（假设诗中说到的人是国王或皇帝），结局能被设计成那知心人被杀死了。想象一个这样恶魔似的暴君是可能的,他渴望向某人倾吐他的痛苦,然后不断地大量毁掉这些人,因为成为他的知心人就意味着死:一旦暴君在他面前说完他就被处死。诗人的一个任务就是去描写一个恶魔般痛苦的自相矛盾的结局。这矛盾就是:不能没有知心人,又不能有知心人。

2. 在绝望中要成为自身:违抗(defiance)

如前所述,在第1节中的绝望可以被称作女性的;同样,这节讲的绝望可以被称为男性的。因此,相比于前述的绝望方式,这里讨论的绝望是在精神的限制或资格范围之内被考虑的。然而,如果这样理解,男性就基本上属于精神的限制范围,而女性则是一个较低的综合。

在第1节第(2)部分中描述的那类绝望是对于人的软弱的绝望。绝望着的个人不愿成为他自身,但如果绝望中的人向前迈出辩证的一步,如果他认识到为什么他不愿成为他自身,那么,就有了一个转变,有了违抗。之所以会是这样,是因为在绝望中他愿意或要成为他自身了。

首先出现的是对于世俗或对于世俗事物的绝望，接着是关于永恒的绝望，对于自身的绝望；随后违抗出现，它实际上是凭借永恒之助而来的绝望，是在自身的限度内对永恒的绝望着的误用，即在绝望中要成为自身。但正因为这是由永恒之助而来的绝望，在某种意义上它就非常接近真理了。正因为它处于非常接近真理的地步，它就是无限遥远的。通向信仰的绝望也是由于永恒之助而产生的，由于永恒的帮助，自我有勇气失去它自身以便赢得它自身。但是，在这里它不愿以失去它自身而愿以要成为它自身为开端。

在绝望的这种形式里，存在着一个自我意识的提高，以及一个关于什么是绝望和人的状态是绝望这样一个事实的更清楚的意识。这里的绝望意识到它自身是一个行为，它不是作为外在压力之下的痛苦而来自于外部，而是直接来自于自我。因此违抗同对于人的软弱的绝望相比，的确是一个新的限制条件。

为了在绝望中成为人自己，必须存在一个无限自我的意识，但这无限的自我实际上只是最抽象的形式，最抽象的自我的可能性。并且这是在绝望中的人愿意成为的自我，是切断了同建立它的力量的任何关系的自我，或者是断绝了有这样一种力量的观念的自我。借助于这无限形式的帮助，绝望中的自我想要成为它自己的支配者或创造它自己，使他的自我变成他想要成为的自我，在他具体的自我中决定他将有什么或没有什么。他的具体的自我或他的具体状态肯定有必然性和局限性；这具体自我是这样一种非常特定的存在，带有某些自然能力、先天倾向等等，并处于各种特殊关系的具体化之中。但借助于无限形式或否定性自我的帮助，他最先要做的是转变所有这一切，以使他能从中塑成他想要成为的那样的一种自我；在这样做时，他还要借助于否定性自我的无限形式——以这种方式，他成为他自身。换句话说，他想要开始得比别人略早一些，不是处于一个现成的开端或有一个开始点，而是〔如《圣经·创世记》所讲〕"在开始的过程中"或"起初"，他不想去装扮他自己的自我，不想看到作为他的任务而给予他的自我——他本人要靠存在的无限形式构成他的自我。

如果需要给这种绝望一个一般性的名称，它可能被称作斯多葛主义[1]，但不是只涉及作为宗派来理解的斯多葛派。要更确切地说明这类绝望，最好是区分开行动的自我和被行动造成的自我。去显示，当自我行动时，它自己与它自身的关系是怎样的；同时显示当这自我被行动造成时或被影响时，它自己与它自身的关系又是怎样的；并以此表明这种绝望的程式总是：在绝望中要成为自身。

如果绝望中的自我是一个**行动的自我**，不管它着手进行的是什么事情，无论这事情有多浩大、多惊人，也不管它多么坚忍地追求这事业，它只有靠想象构造的方式不断地使自身与自身相关，它不承认任何能超越它自身的力量。因此，它在根本上就缺少热诚而只能虚构出一种热诚的外表，即便它给予它想象的建构以极大关注时也是这样。这是一个假装出来的热诚。像普罗米修斯从神那里盗火一样，这是从上帝那里偷出这样一个思想或热诚，即上帝

---

[1] 狭义的斯多葛主义或斯多葛派（Stoicism）是公元前4世纪至公元2世纪流行于古希腊和古罗马的一个哲学和伦理学学派。其主要主张是：自然是一个有神性的、受宙斯的理性或规律支配的、协调的和完善的整体；人是此自然的一部分，因而也有神性和理性。对于人来讲，善就是通过理性的选择而与自然及其规律保持一致，而不受欲望和局部的不协调的限制。

关注着人。相反，绝望中的自我满足于关注它自身，并假定此自身将无限的兴趣和意义给予了他的事业，但正是这一点使得这些事业成为想象的建构。原因在于即使这自我还没有走到成为一个被想象构造成的神以至于陷入绝望的地步——无论哪个从出的自我能给予其自身的也不会多于通过对自己的关注而存在于其自身之中的状态所给予的——它自始至终还是保持为其自身。在它的自我复制中，它不多不少还是成为他自己。可是这个自我在绝望地努力成为自身时却将自我变成了其对立面，就此而言，它实际上成了非自我。在它行动之中的全部辩证法里没有任何稳定性。自我在任何瞬间都不是稳定的或永恒稳定的。自我的形式像行使约束的力量一样也行使着一种松弛的力量。它任何时候都能很随意地全部再从头开始，并且不管一个观念被追寻了多久，全部行动总还是处于一种假设之中。自我非但不是越来越成功地成为它自己，反倒只是日益明显地成为假设的自我。自我是所谓的它自己的主人，它自己的绝对的支配者，而这恰恰是绝望，但它也把这看作是它的快乐和喜悦。然而，根据更切近的考察，很容易看出这抽象的统治者是一个没有国土的国王，他实际上统治着虚无。他的地位、他的君权从属于这样一种辩证法，即在任何时刻反叛都是合法的。从最终的意义上讲，这种充满了任意性的状态就基于这自我本身。

因此，绝望中的自我总是只在空中建立城堡，只同假想之敌进行搏斗。所有这些凭想象建构的美德使它看起来极为出色，像东方的诗一样，它们总在一瞬间内有极大的魔力。这种自我控制、镇静、不激动等实际上近似于寓言。是的，它们确实如此，全部事情的根基只是虚无。在绝望中自我想要获得使自己成为其自身、发展其自身、是其自身的完全满足，它想要有富于诗意的和精妙建构的荣耀，通过这种方式它已理解了它自己。然而，在最后的分析中〔可以看出〕，它通过自己所理解的仍是一个谜。正是在自我似乎最接近于完全建成的时刻，它却能任意地把一切消解为虚无。

如果绝望中的自我是*被行动造成的*，这绝望仍然是：在绝望中要成为其自身。这个凭想象建构的在绝望中要成为自身的自我，当它暂时使自己朝向它具体的自我时，或许会遭遇到这样那样的困难。不论这困难是什么，基督徒会称之为一种磨难、一种基本的缺陷。这消极自我、自我的无限形式可能完全拒斥这种关于困难的说法，假装这困难不存在，与它不发生任何关系。但自我没能成功，它在想象建构方面的才能达不到那么远，甚至它在抽象方面的才能也达不到。无限的、消极的自我以普罗米修斯的方式感到自己被钉在这种奴役状态之中。因此，这是一个被行动造成的自我。那么，什么是这在绝望中要成为自身的绝望的表现呢？

在前几页中，对于世俗或世俗事物的绝望的形式基本被理解为——它将它自身表现为——关于永恒的绝望，即不愿被永恒治愈和慰藉，对这世间的事物过高估计，以致连永恒也不能提供慰藉。但这种不愿抱有希望的状态，即不愿去希求那些世俗的短缺和现世的苦难可能会有终结的状态也是一种绝望的形式。在绝望中要成为他自身的绝望着的人是不愿抱此希望的。他使自己相信这肉中的荆棘之痛是如此之深彻，以至于他不能使自己从中抽拔出来（不管这是实际的情况还是他的强烈感情使他相信如此）。因此，他可以永远接受它。他被这痛苦所冒犯，或更正确地说，他把它视为被整个存在冒犯的机会，他违抗着要成为他自身，成为并非不顾痛苦或没有痛苦的他自己（那就是把他自己从痛苦中抽拔出来了，而这一点他又不能做，不然的话就是朝着舍弃的方向运动了）——不顾或违抗整个存在，他要成为带有痛苦的他自身，带着这痛苦同行，几乎是蔑视他的极度苦痛。凭借荒谬的力量而寄希望于救助的可能，因为对上帝来说任何事情都是可能的——不，他想要的不是这些。从别处寻求帮助——不，他绝不会想要那个。与其寻求帮助，他宁可（如果必要的话）带着全部地狱的痛苦成为他自身。

"当然，只要有人能帮助他，一个痛苦的人是想要得到帮助的"，这种流行观念实际上并不对，也远说不上真实，即便相反的例子中的人〔即想要得到帮助的人〕并不总是像以上例子中的人那样深陷于绝望中。事情就是这样进行的。一个痛苦的人通常有一种或几种他可能想要得到帮助的方式。如果他以这些方式得到帮助，那么他是乐意接受帮助的。但当获得帮助成为一个深刻的热诚问题的时候，特别是当这意味着被一个更优越者或至高无上者帮助的时候，就有了这样一种羞辱，即被迫无条件地接受任何帮助、成为无所不能的"救助者"掌中的虚无的羞辱,或只要他寻求帮助就只有屈服于他人、放弃自己的羞辱。毫无疑问,存在着很多痛苦,甚至是延续的和极度的痛苦,但在这些痛苦中自我不是以被羞辱的方式受苦,因此它基本上更愿意以经受痛苦为代价而保持住自身。

一个在绝望中要成为他自身的痛苦者越有这种意识,他的绝望就越被强化并且变得疯狂。它通常以如下方式产生出来:一个在绝望中要成为它自身的自我苦于这样那样的悲哀,而且无法将它从其具体的自我中去掉或与之分离,所以,现在这人恰恰使这折磨成为他全部激情的对象,以至它最终成了魔鬼般的暴怒。到了这一步,即使在天之上帝和所有天使要帮他解脱苦难,他也要加以拒绝,因为现在太迟了。他曾经很乐意付出任何东西以摆脱这种巨大的痛苦,但他只是等待观望。现在这已太晚,他现在宁愿愤怒地反对一切并成为整个世界和全部生命的错误的牺牲品,并且对他来说确保他的痛苦在手、不让别人从中夺走它具有特殊的意义,因为那样〔丧失这痛苦〕他就可能无法对他自己显示和证明他是正确的。由于极其古怪的理由他害怕永恒,害怕永恒将他同(在疯狂理解中被认为是)他无限优越于他人之处分离开。这优越之处，如果作疯狂的理解的话，正是他所成为的那样一种状态的理由之所在。他愿意成为的正是他自身。他以自我的无限抽象开始，现在他终于变得如此具体以至于在那种意义上将不可能成为永恒的。虽然如此，他要在绝望中成为他自己。多疯狂的愚蠢啊！最使他激怒的思想居然是这样的念头，即永恒的观念会剥夺他的痛苦。

这类绝望在世间是罕见的，这些特点实际只在诗人中有所表现，他们确实是一些能把"疯狂的"理念性——在这个词的纯希腊意义上——给予他们的创作的人。虽然如此，有时像这样的绝望在现实性中也有所表现。那么，什么是〔它〕相应的外在性呢？其实，由于相应的外在性——相应于封藏——是一个自我矛盾，这里根本就没有什么"相应"或"符合"。因为如果它相应〔于某种外在事物的话〕，那么它事实上就会解除封闭。但如果封藏或被锁死了的内在性必然是关注的对象的话，外在性就不会有任何结果。绝望的最低形式——在这种形式里实际上不存在内在性，或此内在性根本不值一提——可以靠描述或讨论绝望之人的一些外在方面呈现出来。但绝望越变成精神上的，并且内在性越变成它自己封藏起来的特别世界，隐藏于外在性之下的绝望就越无关紧要。但绝望越变成精神上的，它就越走火入魔般精明地专注于在封藏中关闭住绝望和使外在性无效，使它们尽可能地无意义和无关紧要。正像神话故事中巨人通过一个没人能看见的缝隙消失一样，绝望也是如此：它越是精神的，它就越急于住在一个一般没人会到其背后去寻找这绝望的外在性之中。这秘密本身是精神性的东西，并且是诸多保护之一，以确保在现实性之后拥有一个圈围，一个为它所独占的世界。在这个世界里，绝望的自我不安地和痛苦地从事于要成为它自身的活动。

我们在第1节第（1）部分中以绝望的最低形式开始：在绝望中不要成为其自身。疯狂的绝望是绝望最强烈的形式：在绝望中要成为其自身。这绝望甚至不是在斯多葛式的自我迷恋和自我崇拜中要成为它自身；它并不要以那种方式来成为自身，即按照实际上是虚假的、但在某种意义上仍能说是它的完美状态来成为自身。不，在对外在性的憎恶中，它要按它的不幸状态来成为其自身。要不是因为怨恨，它就是在违抗中或以违抗的方式也不要成为其自身；

就是在违抗中，它也不想要将自身从那建立它的力量那里扯开；但出于怨恨，它就要将自身强加于那建立它的力量，要违抗式地强制它，要出于恶意地把持住它——当然，一个充满怨恨的谴责一定首先要把持住它所谴责的东西。在反抗全部生存的过程中，它感到它已获得了反抗它、反抗它的善意的证据。绝望中的人相信他本人就是证据，他就是要成为这证据，因此他要成为他自身，在其折磨中的自身，以便对抗带着这折磨的整个生存。正如软弱的绝望者不要听到任何关于从永恒来的安慰的东西，一个这样绝望的人也不想去听任何关于这安慰的话，不过是为了不同的理由。这安慰将是他的毁灭，是对〔他的〕所有生存的谴责。打个比喻：这绝望就好像一个溜进某个作者的作品的错误，并且这错误作为错误有了对于它自身的意识——它实际上可能不是一个差错而在更高的意义上是整个作品创作的一个基本部分。现在这错误出于对作者的憎恨而要起来反叛这作者，禁止这作者改正它，并且在狂妄的违抗中对作者说：不，我拒绝被涂抹掉，我要作为一个不利于你的证人、一个证明你是二流作者的见证而存在。

第二部分

绝望是罪

↣ A. 绝望是罪

罪（sin）意味着：**在上帝面前**或具有上帝的概念，在绝望中不要是其自身（not to will to be oneself），或在绝望中要是其自身（to will to be oneself）。因此罪就是强化了的（intensified）软弱或强化了的违抗（defiance）：罪就是绝望的强化。这里的重点在于"**在上帝面前**"，或具有上帝的概念。正是上帝的概念辩证地、伦理地和宗教地使得罪成为律师们所谓的"加重了的"（aggravated）[1]绝望。

---

[1] "加重了的"侵犯行为在法律上指比一般侵犯行为更严重者，比如有意识的犯罪，或已被法规明令禁止的侵犯行为。"在上帝面前"的形势会加剧人对于自己软弱和违抗的意识，因而会"加重"绝望而形成有罪感。

虽然在这部分、至少在这一节无法进行心理学的描述,但眼下可以涉及在绝望和罪之间的最有辩证意味的前沿,以及处于宗教边缘的、可被称之为"诗人生存"(poet-existence)的状态。这种生存状态与舍弃(resignation)的绝望颇有相通之处,但亦有区别,即它是带有上帝概念的。可以从这两个范畴("诗人"与"生存")的位置和结合中感受到,这种诗人生存会是最不寻常的一种诗人生存状态。在基督教的理解中,每一诗人生存的状态(仍然是美学的)就是罪,因为它是以诗化代替存在(being),通过想象力去与善和真发生关系,而非就是(being)那善与真,即在生存中努力是(be)善的和真的。这里讲的诗人生存与〔一般的〕绝望的不同之处在于,它确有一个上帝的概念或面对着上帝,但它却是极端辩证的,就仿佛处在一个穿不过去的辩证迷宫中,茫然不知罪之所在。这样的一位诗人可以具有非常深沉的宗教渴望,而且他的绝望中已加入了上帝的概念。他爱上帝胜过一切,这上帝是他的隐秘苦痛(anguish)中的唯一安慰。然而,他爱这苦痛,并不愿放弃它。他极想在上帝面前是或成为他自身,但却无法对付那个让自己受折磨的固定点。就在那里，他在绝望中又不想要是或成为他自身。他希望永恒会将它取走，但在此处和在时间中，无论他在其下受了多少苦，却不能下决心去主动承担它，去在信仰中谦卑匍匐于其下。不过，他持续地处于与上帝的关联中，这是他仅有的解救希望。对于他，没有上帝的被迫生存是绝对可怖的，"足以使人绝望到底"，然而他实际上（也可能是无意识地）还是让他自己去将上帝诗化为与上帝所是者不很一样的存在者，近乎一位过分溺爱孩子、去满足孩子的每一个愿望的父亲。他成为一位宗教诗人的方式无别于那曾经由于不幸的爱情而成为诗人，而现在则狂喜地赞美性爱快乐的人的方式。他在宗教生活中不幸福，模糊地领会到这种生活要求他放弃这苦痛，即在信仰中将自己谦卑地置于这苦痛之下，并去主动承担这苦痛，使之成为自己的一部分。他要让这苦痛脱开自己，但正是以这种方式，他把持住了这苦痛不放。尽管他确实相信这么做会使得这苦痛离得尽可能地远，在人为可及的情况下最大限度地放弃它（这种想法就如同一个在绝望中的人所说的话，总要从反面去看它才是对的，所以也只应反着理解才对）。但是要在信仰中主动承担这苦痛,他却无法做到。这也就表明,他从本性上就不愿意这么做,或者他的自我在这里没入了模糊不清之中。尽管如此,这诗人对宗教的描写就像另外那位诗人对性爱的描写一样,有一种已婚者和牧师大人们的讲道中所没有的魅力和抒情奔放的神韵。而且,他所说的也并非不真,绝不是的!他所表达的正是他的比较幸福和比较好的**我**。他与宗教的关系就是一位不幸福的爱恋者〔与所爱〕的关系,而不是严格意义上的信仰者〔与神〕的关系。他只具有信仰中的第一种因素,即绝望,并在此绝望中充满了对宗教状态的强烈渴望。他的冲突和不安实际上表现为这样的问题:他已经被召唤了吗?他的苦痛表明了他是被用来达到超常状态的人吗?在上帝面前,他完全是为了成为这超常者而存在的吗?或者,他卑伏于其下而经历的苦痛是为了达到普遍的人性吗?够了。为了尊重真理,我想问一下:我正在对谁讲话?谁关心这些高能力的心理学研究所达到的程度?由牧师画出的那些纽伦堡图画倒是比较容易理解,它们欺骗性地使一与多(绝大多数人所是者)相似。然而,从精神上去理解它们,则只是空白一行。

第一章　自我意识的等级
（取得资格的条件："面对上帝"）

本书第一部分的C节致力于指出自我意识的等级。首先是对于有一个永恒自我的无知（C、乙、一）。在这之下，就依次〔1（1）－（2），2〕指出了各个等级。现在，这整个考虑必须辩证地取得一个新方向。此处的要点在于，先前所讲的自我意识的等级属于人类自我或以人为标准的自我的范畴。然后，通过成为（being，是）一个直接面对上帝的自我，这个自我获得一种新的性质和资格。此自我不再仅仅是人类自我，而是一个我称之为（但愿不要引起误解）神学的和直接面对上帝的自我了。通过意识到生存于上帝之前，通过成为一个以上帝为标准的人类自我，这自我得到了何等的无限真实！一位只在他的牛面前才是自我（如果这毕竟可能的话）的牧牛人有一个很低的自我。与此相似，一位在他的奴隶面前才是自我的主人实际上没有自我。这两种情况中都缺少一个标准。先前只以父母亲为标准的孩子通过采取国家这个标准而成为一个成人的自我；然而，以上帝为标准，何等的无限强调就会落到这自我之上。自我的标准总意味着：这自我只在其面前才是一个自我，但这反过来也是对于"标准"的定义。正如只有同种类的东西才能相加，每样东西从性质上就是那度量它的东西，而那作为它的定性标准者从伦理上看就是它的目的。这标准和目的决定某个东西是什么，但在自由的世界中，情况就不同了。在那里，通过从性质上或资格上不是他的目的和标准，一个人必定已经使自己配得上这种无性质或无资格状态。因此这目的和标准仍然有区别地保持不变，却只是用来表明一个人所不是的东西，即他的目的和标准所是者。

在一个较老的学说[1]中，频繁出现一个十分正确的观念，但另一个较晚近的学说[2]由于不理解或缺少同情则持异议。这个观念就是：正是由于面对上帝，罪才如此可怕。这是一个非常合理的观念，尽管有时它被滥用了。它被用来证明在地狱中的永恒惩罚。后来，由于人们变得更精明，他们说：罪就是罪，罪并不因为它对抗上帝或面对上帝就更大。怪论！甚至律师们也讲到加重了犯罪，也要将针对一个公

---

1. 参见圣·奥古斯丁的《忏悔录》。
2. 参见康德的《实践理性批判》。

务官员的犯罪和（例如）针对一个私人的犯罪，或对一个杀父者的处罚和对一个普通谋杀犯的处罚区别开来。

不，这较老的学说——即认为由于上帝罪就会被无限地扩大——是对的。与之相左者的错误就在于认上帝为外在的，并假定一个人只是偶然地犯了与上帝对抗之罪。但上帝绝不是像警察那样的外在者。我们必须看到，这自我有一个上帝的概念，却没有按照上帝的意愿而有意愿，因而是不服从的。而且，一个人也不会偶然地在上帝面前犯罪，因为每个罪都面对着上帝。说得更清楚一些，正是在上帝面前生存的意识使得人类的罪过（guilt）变为了真罪（sin）。

绝望通过自我意识而被强化，而自我则在与这自我的标准的关联中被强化。当上帝是这标准时，则自我就被无限地强化了。事实上，对上帝的概念增一分，则自我也就增一分；反之亦然。只有当这种作为特殊个人的自我意识到面对上帝生存时，它才是个无限的自我，这自我才在上帝面前犯罪。因此，非基督徒虽然也有自我性，但他的自我性无论如何并不像基督徒的自我性那么具有严重的后果，因为他并不直接在上帝面前有他的自我。非基督徒（pagan，无宗教信仰的人或异教徒）和自然人的自我标准仅是人类自我。因此，从一个更高的观点看来可以这么讲，非基督徒也沉沦于罪，但他们的罪从根本上讲来是对上帝、对生存于上帝之前这个状况的绝望的无知。他们是"没有上帝地存在于世界之中"[1]。所以，从另一个观点看来，在最严格的意义上非基督徒不曾犯罪，所有的罪都只在上帝面前才存在。而且，由于他的浅薄的"浮游"（Pelagian）观念，一个非基督徒时常能不受深责地混世；他的罪是另一种，即他的浅薄的浮游式的解释〔所招致者〕。另一方面，情况则往往是，正是因为生于严格的基督教环境中，一个人在某种意义上被抛入了罪之中，因为整个基督教的观点对于他是过于认真热诚了，特别在他的早年就更是如此。然而，在这个关于罪的更深刻的概念中，他也还是可以得到某种帮助的。

罪就是：在上帝面前和在绝望之中要是自己，或在上帝面前和在绝望之中不要是自己。尽管这个

---

1. 此话见《圣经·以弗所书》第2章第12句。中文译文为："那时，你们与基督无关，……活在世上没有指望，没有神。"

定义在其他方面可以被视为是有道理的（其中最重要的是：这是唯一合乎《圣经》的定义，因为《圣经》总是将罪定义为不服从），但它是否过于精神化了？对这个问题的首要回答只能是：一个关于罪的定义绝不会过于精神化（除非它的精神化达到如此深的程度，以至意味着废除了"罪"），因为罪正是精神的资格所在。而且，为什么会认为它过于精神化了呢？因为它没有提到谋杀、偷窃、私通，等等？但它没有说到这些事情吗？它们不也是对抗上帝的自我意愿、蔑视上帝戒律的不服从吗？从另一方面说来，如果在考虑罪时，我们只提及这些罪，就会非常容易忘记这样一个事实，即从人的角度看来，所有这些事情在一定意义上可以是毫无问题的，但一个人的全部生活还可以是有罪的，即犯了这种令人熟悉的罪：披着华丽外表的恶行或〔坚持〕自我的意愿，而这种自我的意愿或是无精神性地、或是厚颜无耻地继续去或要去忽视此人类自我的更加深邃得多的义务。这就是服从于上帝的义务，在这自我的每一个隐秘的愿望和思想中服从上帝，并随时准备去听到、理解和愿意去遵从上帝关于这个自我的每一个最小的意愿暗示。肉体的罪过是低级自我的自我意愿,但是一个邪恶经常是被另一个邪恶逐出,以至最后的情况更糟于起先者。问题在于,这个世界就是这样一种情况,即一个人首先出于意志薄弱而犯罪,然后就对于他的弱点绝望,或成为一个在绝望中还要维持某种合法正义性的伪君子,或是在绝望中再次陷入罪。

所以,这个定义包括了每一种可想象的和实际的罪的形式。它正确地强调这样一个关键点,即罪是绝望(因为罪并非情欲的蠢动,而是精神对它的屈从)和处于上帝之前。作为一个定义,它是代数式(algebra)。对于我来说,在这本小书中去描述特殊的各类罪是不合宜的,而且这些企图可能失败。这里的要点只在于:这个定义就如同一张网,涵盖了所有的〔罪的〕形式。这样一点能通过考虑它的反面即信仰(faith)而得到证实。在这整本书中,如同依据可靠的航海指南一样,我被这信仰引导着。信仰就是:是自己和要是自己的自我完全彻底地依靠上帝。

这一点常被人忽视,即罪的反面绝非美德。在某种程度上,这〔即认为罪的反面是美德的看法〕是一个非基督教的观念。它仅仅满足于人的标准,而根本不知道罪是什么，不知道所有的罪都是在上帝面前的罪。不！罪的反面是信仰，正如《罗马书》第14章第23节所言："凡不出于信仰的都是罪。"这是基督教里最重要的定义之一：罪的反面不是美德而是信仰。

附录：罪的定义包含了冒犯（offense）的可能，对于冒犯的一般观察

这罪与信的对照是真正基督教的，它以基督教的方式重塑了所有伦理的概念并给予它们以一个新维度。在这个对照的根底处是基督教的关键性的资格认可：在上帝面前。这个资格认可反过来有基督教的关键性的标准：荒谬、反论（paradox）和冒犯的可能性。这一点由真正基督教的一切决定所表明。认识到这一点是极其重要的，因为冒犯是基督教反对一切思辨的武器。那么，在什么里边有这个冒犯的可能呢？它就存在于这样一个与人有关的现实中，即作为一个**个别**的人，他直接面对上帝，并因此而必定有这样一种情况，即一个人的罪应该得到上帝的关注。这样一个在上帝面前的个别人的观念从来没有进入思辨的头脑之中。它只是异想天开地将个别人的集合普遍化为人的种类。事实上，这也就造成了一种不信基督教的说法，即认为罪就是罪，与它是否直接面对上帝毫无关系。换句话说，它想要摆脱掉"在上帝之前"的资格认可，并因此而找到一种更高的智慧。然而，奇怪的是，这智慧既不更高于也不更低于最常见的所谓高级智慧，即老的非基督教主张。

许多人谈到被基督教冒犯，因为它是如此阴暗、悲观、严格，等等。但是，说到底，基督教冒犯人们的真实理由是它过于崇高了。它的目标不是人的目标，它要使人变得如此不寻常，以致这人理解不了它。对于冒犯的本质的十分简单的心理解释将会说清和显示出，我们以去掉这冒犯〔的可能性〕的方式来保卫基督教是非常愚蠢的，而我们忽视基督本人的教诲，即他经常和着重地反对冒犯的警告也是愚蠢和厚颜无耻的。基督本人指出，冒犯的可能性就在那里，而且必须在那里。因为，如果它被认为不存在的话，如果它不是基督教的一个永恒的和本质的组成部分的话，那么从人的角度看来，基督关心和一再以警告来反对这种冒犯（而不是去掉这种冒犯）就是无意义的了。

让我们来想象曾经存在过的一个可怜的打散工的人和一位至高无上的皇帝。这位皇帝突然有了一个念头，派人将这个散工唤来。这散工从未梦想过、"人心也未曾想到的"[1]皇帝会知道他的存在，因而对此召唤本身就感到无比荣幸，并会将此事作为他一生中最重要的事件告诉他的孩子们和孙子们。再设想一步，如果这皇帝在接见他时告诉他"朕有意让你做驸马爷"，那会怎样呢？从人的角度想来，这散工或多或少地会对这个提议迷惑不解，被它弄得又有了自我意识并感到为难。从人的立场考虑这件事，他会感到它非常稀奇古怪，也不敢将它告诉别人，因为他本人已经秘密地得出一个结论，而他的远近邻居〔一旦知道后〕将会极快地传布它：这位皇帝大人想要愚弄他，使他成为全城的笑柄。而且，在报纸上会有关于他的漫画，他与皇帝女儿订婚的故事会被民谣俚曲传来唱去。这个让他去成为皇帝的女婿的计划必须很快地变为外在的现实，以使得这散工能够在某种程度上确认皇帝对此事是认真的还是在耍弄他，为的是让他的整个生活变得不幸，

1.《圣经·哥林多前书》第2章第9节。

并最终送他去疯人院。可是当下他面对的只有这样一个**过分**的、很容易会转到其反面的恩惠。一点点恩惠会让这散工理解,也会让这个商业城市〔哥本哈根〕中的令人尊敬的有教养的大众、民谣俚曲贩卖者,简言之是住在这城市中的50万人民理解。(就其人口而言,它是一个很大的城市,但就其能理解和感受到这超常者而言,它就是一个很渺小的城市了。)但是,如果这个让散工成为驸马的计划不是与外在的现实而是与内在现实有关,它所涉及的事实性(facticity)就不可能给这散工提供确实的根据,而只有信仰本身是唯一的事实。因此,这里一切都要靠信仰,要靠他是否有足够的谦卑勇气去敢于相信它。浮躁的勇气无助于信仰。有多少位散工有这种勇气?缺少这种勇气的人就会被冒犯;对于他,超常者就意味着对他的嘲弄。他可能会坦率和直截了当地承认:这种事情对于我是太高深了,我无法理解它。老实说吧,在我看来这只是愚蠢。

现在来看基督教的情况。基督教教导说:个别的人**在上帝面前生存**,不管这个个人是男人、女人、女仆、内阁部长、商人、理发师、学生或任何一种人。这样一个个人可能会为在他的一生中与皇帝说了一句话而骄傲，也不敢对于自己能与这一位或那一位人物有亲密的关系抱任何幻想，然而他就在上帝面前生存着。就是这样一位个人，〔居然〕可以在任何时候与上帝交谈，并确信他所说的被上帝听到。简言之，此人被邀请去生活在与上帝的最亲密的关系之中！更有甚者，为了这个人，就是为了这样一个特殊的个人，上帝来到此世界里，让他自己出生、受苦，乃至死亡。这位受苦受难的上帝简直就在恳求这个人接受那给他的帮助！一点不假，天下再没有任何东西能比这件事更让此人大惑不解的了！每一个缺少相信此事的谦卑勇气的人都会被它冒犯。为什么他被冒犯？因为对于他，这事情太崇高了，他的心接受不了它；因为在面对它时他无法保持勇气和信心，并因此而必须摆脱它，将它当作无足轻重者、无意义者和愚蠢者而扔掉，不然的话，它似乎会窒息他。

这冒犯是为了什么呢？冒犯是不幸的尊崇或赞美（admiration）。因此它涉及妒忌，但这是一种个人自己对自己的妒忌，因而是更高级的不幸。自然人所处的无慈悲状态不允许他接受上帝为他准备的超常者；所以他被冒犯了。

这冒犯的程度与一个人〔处于〕尊崇的热烈程度成正比。比较平板的人，缺少让自己融入这尊崇的独特性的想象力和热情，也会被冒犯；但他们只限于这么说：我完全无法理解这种事情，让它待着去吧。他们是怀疑主义者。但是，一个人越是有热情和想象力，在某种意义上他就越是有可能相信这件事，越有可能（请注意！）在敬慕或崇敬中将自己谦卑地置于超常之下，他们的〔被〕冒犯就越是充满了激情，以至于他必根除、消灭和践踏掉这冒犯而后止。

要理解冒犯，就必须研究人的妒忌。这是一个我提出来的超出了眼下考察要求的、但会令我极感兴趣的研究领域。妒忌是秘密的尊崇。当一个尊崇者感到，如果完全投身于他所尊崇者，他就会不幸时，就会选择去妒忌他所尊崇者。因此他就说着另一种语言，即将他实际上尊崇者说成是琐碎的、愚蠢的、无味的、乖僻的和夸张的东西。尊崇是幸福的自身放弃，妒忌是不幸福的自身肯定。

它〔妒忌〕与冒犯是同样的，因为人与人之间的尊崇与妒忌在涉及上帝与人的关系时就成为崇敬与冒犯，所有人类智慧的总和就是这个中道"金律"（或不如说是"镀金律"）：切莫过分。过犹不及会弄糟所有的事情。它被人们作为智慧传来传去，被誉为尊崇；它的交换比率绝不浮动，全人类都保证它的价值，时而有一位天才者稍稍超出它，就被那些"明智"者称为发疯。但基督教却是远远超出了这"切莫过分"，以致达到了荒谬；那里正是基督教的起点及其冒犯所在。

现在我们看到去捍卫基督教（以便仍旧残留住某种超常的东西）是何等超常地愚笨；这捍卫之举将基督教弄成一个可怜的、最终只能让辩护者来拯救的东西，实际上就是几乎无意识地在与冒犯共谋。因此，一点不假，那个首先在基督教世界中提出捍卫基督教观念的人实际上是犹大第二，他也是以一吻来出卖〔基督〕，只不过在这里他的出卖是出于愚蠢罢了。被捍卫者也总是被贬低者。假设某人有一个堆满了金币的仓库，又假设他想要将它们全部送与穷人；但是，如果他愚蠢到要在实行此慈善之举之前先以一个三点论据来捍卫它，人们就几乎会怀疑他所做的是否是善事。至于基督教，就更是这样了！那捍卫它的人绝没有真信仰。如果他真信了，这信仰的热情就不是一种捍卫；不，它是进攻和胜利，这信仰者是胜利者。

基督教与冒犯的关系也是如此。冒犯的可能性十分合适地出现于基督教对于罪的定义中。它就是：面对着上帝。一个非信徒、自然人可以很容易地承认罪的存在，但那实际上使罪成为罪的"面对上帝"却不是他能接受的了的。这说法（虽然是以一种与这里谈及者不同的方式）对于他这样一个人来讲是太过分了。如果将它减少一些、减弱一些，他就会乐于跟从它——"但这过分却是太过分了"。

第二章　苏格拉底对于罪的定义

罪是无知[1]。这是广为人知的苏格拉底式的定义。如同一切苏格拉底式的东西，它被视为是值得注意的一种权威说法。然而，关于这个带有如此之多的苏格拉底色彩的观点，人们感到必须超出它。无数多的人曾感到必须超出苏格拉底式的无知[2]，多半是由于他们觉得不可能停在那里；在每一代中，有多

---

1. 在柏拉图所著对话集的《美诺篇》中，苏格拉底认为"美德是知识"。克尔凯郭尔在这里是反过来表达它："罪是无知。"
2. 在柏拉图所著的《申辩篇》中，苏格拉底说他的智慧就在于"自知其无知"。

少人能够在哪怕是一个月中坚持以生存的方式表达出〔这种苏格拉底式的〕对于一切事情的无知?

从没有过。因此我将反驳苏格拉底的定义。我的理由是人无法停止在它那里,而且,以基督教为背景,我将利用这苏格拉底式的定义去将基督教的彻底性体现出来,因为这苏格拉底的定义是真正希腊式的。在这里,它以及任何其他在最严格意义上并非真正基督教式的定义或居间的定义的空洞性就变得很明显了。

这个苏格拉底式的定义的缺陷在于它没有说清此无知本身的意义、它的起源等等。换句话说,即便罪是无知(基督教可能会称之为"愚笨"),这一点在某种意义上也确实无可否认,可更重要的是,这无知是原本的无知、因而是一种至今还不能知道任何真理的状态呢,还是一种结果、一种从出的无知呢?如果是后一种情况,那么从根本上说来,罪就不在无知之中,而必定存在于人要遮掩他的知的企图中。但是,如果情况就是这样,那么那个极为顽固的由遮掩造成的含糊状态就又出现了,并表现为这样一个问题,即当一个人开始去遮掩他的知的时候,他是否清楚地意识到他的这个〔遮掩〕行为。如果他并不清楚地意识到它，那么他的知在开始之前就已经以某种方式被遮掩了。这个问题可以这样一而再，再而三地出现。然而，如果假定他在开始遮掩其知晓状态时清楚地意识到他所做的事情，那么这罪（即便是作为结果的无知）就不存在于知（knowing）之中，而存在于意愿（willing）之中，这样，关于知与意愿的相互关系的问题就是不可避免的了。考虑到所有这些（这样的问题可以几天几夜地问下去），苏格拉底的定义就并不真的涉及它自身。苏格拉底确实是一位伦理学家，事实上就像古人们所言，是伦理学的创始人，正如他是、并且一直是他这类人中的第一位；但是，他却以无知作为他的开端。从理智上讲，他倾向于无知；从伦理上讲，他将无知解释为不同的东西并以之为起点。另一方面，苏格拉底在本质上并非一位宗教的伦理学家，更说不上是一位基督教原则的坚守者。所以，他实际上并未进入基督教以之为开端的整个问题，进入使罪可能的原初状态。这状态在基督教中被原罪学说所解释，这里的讨论将仅仅触及这个学说的边缘。

因此，苏格拉底事实上并未达到罪的范畴和定义，他的定义是暧昧不清的。这如何可能？如果罪是无知，那么罪实际上就不存在，因为罪确是意识。如果罪是无知于什么做的是对什么做的是不对，那么罪就不存在。如果这就是罪，那么依从苏格拉底的说法就要认为，根本就没有人会知道什么是对什么是错，或知道某事做错了而且接着还错下去这么一回事。这样，如果苏格拉底的定义是合理的，那么就绝不会有罪。注意，从基督教观点看，这是非常合理的，在更深的意义上是完全正确的；为了基督教的利益，这也是那应被证明的。正是罪的概念或关于罪的教诲最鲜明地将基督教与非基督教世界从质上区分开来，这也正是基督教从来就认为非基督教信仰和自然人都不知道罪是什么的理由。非基督教与基督教的根本区别并不像一般肤浅的想法所认为的那样在于赎罪。不，这区别的起点要更深得多，它是以罪、以关于罪的学说为起点的，这正是基督教事实上所做的。如果基督教必须承认某个非基督教学说提出的罪的定义为正确，那将对基督教形成何等危险的挑战。

那么，苏格拉底的罪定义中缺少什么因素呢？它就是这个意愿（will）或这个违抗〔的意志〕。这些古希腊人的心灵世界太快活、太天真、太美学化、太具讽刺性、太智趣横溢，一句话，太有罪，以致无法理解人竟然可以有意识地（knowingly，明知地）不做善事，或明知什么是对的，却去做那不对的。这古希腊的心灵认定一种理智上的〔而非伦理上的〕绝对命令（categorical imperative）[1]。

这里边包含的真理不应被忽视，而且，在这样一个时代，确有必要强调之。这个时代发了疯一样地沉溺于那些空洞的、自以为是的和无结果的知识，甚而比苏格拉底的时代还有过之而无不及；因此，让人们实行一下苏格拉底式的〔理智〕节食也是必要的。可以看到一种又是悲剧又是笑剧的现象，即所有这些据说已经理解和把握了最高者的知识，包括那抽象地或在某种意义上是正确地阐释了这种知

---

[1] "绝对命令"是康德伦理学说中的一个重要概念。它的含义是，人的道德行为来自这样一种意志，即要让他的行为所依据者成为普适的规律。由于人先天地属于智性的世界，他能领会和服从理性，而且能将这种服从感受为自己服从更深的自己（自律）；但是，由于他又属于感性的直观世界，这智性世界的普遍规律无法纯粹地对他显现，而只能以命令的或尽义务（"应该"）的形式出现。由于这命令来自人之所以为人的（通过范畴与感性界相关的）先天理性本源，并且不涉及任何与此感性世界相关的欲望、目的和种种考虑，所以是"绝对的"（categorical）或无待的。

识的技巧，却毫无影响人的生活的力量，而且具有这些知识的人的生活也完全表现不出他们所理解者。看到这种悲剧加笑剧现象中的不一致，一个人会不由自主地喊出："他们到底是怎样理解它的？他们真的理解了它吗？"在这一点上，那位老的讽刺家和伦理学家[1]回答道："别相信，我的朋友，他们没有理解它。如果他们确实理解了它，他们的生活就会已经将它表现出来，他们也就会将他们所理解的东西实现出来了。"

那么，这意味着有两种不同的理解吗？的确是这样。谁理解了这个（但不是在第一种〔虚假〕理解的意义上），谁也就开始明白讽刺的秘密了。将那种实际上不知道某样事情的人视为笑料是非常低级的笑剧，还算不上是讽刺。过去的人们认为地球是不动的，他们的知识就到此为止，这里边没有什么可特别让人发笑的。相对于一个有更多的物理世界知识的〔未来〕时代，我们的时代也处于同样的地位。这是两个时代之间的对比，在一个更深的耦合点上被把捉着，但这种对比并非根本的对比，因此

---

1. 指苏格拉底。

也并不从根本上是可笑的。然而，当一个人站在那里说着正确的事情，因而〔表明他〕理解了它，可一旦行动起来却做出错误的事情，并因此而表明他并没有理解它，就是极富于笑剧性的了。一个人坐在那里，读着和听着关于自我牺牲、关于为了真理而献出自己生命的崇高性的讲解，感动得无以复加，汗水、泪水从他的面颊上淌下。可是，就在下一刻，一、二、三、哇，他的眼睛里几乎还带着泪水，就以充沛的活力，汗流满面地、尽其所能地去助纣为虐，帮助真理的敌人，这可就是极可笑的了。一位演讲者以真诚的声调和姿态深深地打动着人，能极其动人地描述着真理，〔似乎他〕能勇敢地面对所有的邪恶势力；他在做这一切时带着冷静和自信、无畏的语气、合宜的动作，简直令人崇敬。然而，极为喜剧性的是，几乎就在同时，他能胆小如鼠地摆脱开哪怕是对自己最微小的不便。某人能理解这个世界是如何卑鄙肮脏的全部真理，然而，转瞬间，却已不承认他有过这种理解，因为他自己几乎同时就出来参与同样卑鄙肮脏的事情，并由于这种参与而受到赞扬。这也是极为可笑的。我看到某人声称他完全理解耶稣基督如何以低贱的仆人、穷人、被蔑视者、被嘲笑者,以及(就像《圣经》所说的)被唾弃者的样子出现于世间;可是,我又看见同一个人竭尽全力地去达到世间的精明者所渴求的地位,巩固这地位,焦急地、仿佛是生死攸关地去避免每一种不利于这地位的因素;并看到他是如此有福气,有着无以复加的福气,将这福气弄得十全十美,并得意忘形地为所有人、为每一个人对他的赞美和尊敬而感谢上帝;看到这一切,我就会时常对自己说道:"苏格拉底、苏格拉底、苏格拉底啊,这个人怎么可能理解了他说他已经理解了的东西呢?"我就是这么说的。的确,我还希望苏格拉底是对的,因为对于我来讲,基督教似乎过于严格了。按照我自己的经验,我无法将这个人虚构成一个伪君子。不,苏格拉底,我理解你;你使他成了一个开玩笑的人,一个能演各样笑剧的滑稽角色;你不仅不反对、反而帮助我(如果我做得足够好的话)将他描写成可笑者。

苏格拉底,苏格拉底,苏格拉底!是的,我们可以三次呼喊你的名字;如果需要,叫它十次也不为多。流行的看法认为这个世界需要一个共和国、一种新的社会秩序和一个宗教,但是无人想到这个被过多知识搅糊涂了的世界所需要的是一位苏格拉底。当然，如果有人想到这一点，更不用说许多人想到这一点，那么苏格拉底倒不那么被需要了。一点不假，〔纠正〕错误所最亟须者正是它最想不到者；不然的话，这错误就不成其为错误了。

这苏格拉底的定义以下述方式起作用。如果一个人没去做正确的事，那他也就没理解什么是正确的。他的所谓理解纯粹是想象式的，他声称自己已理解了的说法是假的信息；他的一再抗争、发誓说他若没有理解他就会被吊死，就是最不老实的兜圈子。但是，在这种情况下，这个定义就是正确的。如果某人做了正确的事情，那么他当然就没犯罪；如果他没有做正确的事情，那么他也就没有理解它；如果他确确实实地理解了它，就会很快地去实行它，它也就会因为他的理解而很快使他成为一个克拉德尼（Chladni）式的人物。所以，罪是无知。

然而，这定义的缺陷何在呢？这就是苏格拉底原则本身所实现和纠正的（当然只限于某种程度上）：它缺少一个适合于从理解某事转换到实行某事的辩证的决定因素。基督教就开始于这个转换之中。有了这个因素，这定义就会表明罪植根于意愿，并达到了违抗的概念。为了紧紧地扎牢终端,它就再加上原罪学说。注意,思辨理解的秘密就在于它只编织而不收住终端,不在线头处打结。这就是它的奇妙之所在,也就是它能不断地织呀织呀、把线拉来扯去的原因之所在。与之相反,基督教通过反论或两难而收紧了这终端。

在那实际的个人并不卷入的纯理念之中,这转换是必然的(毕竟,在〔黑格尔哲学〕系统中,一切事情都必然地发生),那从理解到实行的转换联系是毫无困难的。这是古希腊的思想(但不是苏格拉底的思想,因为他作为一位伦理学家无论如何也到不了那般地步)。近代哲学的秘密从本质上也是一样的。它认定:我思故我在,去思想就是去存在(但是,从基督教的观点看,它应该意味着:依据你的信仰而成为或是你自己;或者,你是你所信的;去信仰就是去存在)。因此,很明显,近代哲学不多不少就是非基督教学说。但这还不是可能出现的最坏局面,与苏格拉底相关并不算太糟。近代哲学的整个非苏格拉底的方面恰恰在于它要欺骗我们去相信这就是基督教。

然而,在个人卷入进去的实际世界中,就有这种从理解到实际的微小转换,它并不总是快捷的,并不(请允许我在缺少哲学语言的情况下说德语)快得像阵风似的。恰恰相反,这是一个冗长故事的开端。

在精神生活中,没有持续的静止(实际上就没有静止状态,一切都是实现),所以,如果一个人在他知道什么是对的那一瞬间不去行这对的东西,那么这知就委顿下来。下面的问题就是意愿如何估价被知者。意愿(willing)是辩证的,在其下面有人的所有较低级的本性,如果意愿与所知者不合,那么它不必马上去与所知者发生正面冲突(推想起来,这种正面冲突是罕见的),而是延迟一段时间,所谓"我们明天再来看它吧"。通过这段间隔,知变得越来越模糊,而较低级的本性越来越占上风。善事必须马上实行,所谓"闻善必作"(这也就是在纯理念中从思想到存在的转换是如此容易的原因,因为在那儿什么事情都瞬间可及),但较低本性的力量就在于把事情拖长拉平。逐渐地,意愿对这种进展的反对减弱了,后来就几乎是与之共谋了。当这善知识被充分地弄模糊,知与意愿就能更好地相互理解了,最终达到完全的一致,因为这时知已经转到了意愿这一边并承认意愿所要的是绝对正确的。这恐怕是大多数人的生活方式：从事于逐渐遮蔽他们的伦理和宗教的理解，而这理解如不被遮蔽，就会引到他们的较低级本性所不喜欢的决定和结论上来。但是，他们扩张了自己美学的和形而上学的理解，而这从伦理角度看来是一种偏离。

不管怎样，在这样一种情况下我们仍然没有超出苏格拉底的原则，因为苏格拉底会说：如果这〔遮蔽〕发生了，它只说明此人还没有理解什么是正确的。这就意味着这个古希腊的心灵没有勇气去宣称一个人会有意识地做错事，或知善而作恶。因此，它就要这么说：如果一个人行了错事，他就未理解什么是对的。

绝对正确。没有哪个**人类存在者**能够比那走得更远了。没有哪个人本身能够凭借他自身去说出罪是什么，因为他就在罪之中。他关于罪所说的一切不外乎去遮掩罪，寻找托辞去冲淡罪，因而是在犯新的罪。所以，基督教只能以另一种方式开始：人必须知道罪是从上帝来的启示。罪不是指人没有理解什么是对的，而在于他不想要去理解它，在于他不要行对的事情。

苏格拉底实际上根本就没有解释在不能理解和不要理解之间的区别；另一方面，他是一切嘲讽者的祖师爷，善于通过两种理解之间的区别而做手脚。苏格拉底认为那不去做正确事情的人并未理解这事情，但基督教回溯得更多一点，将这种情况说成是那人不想要去理解它，而且这又是因为他不想要那正确的东西。而且，基督教还教导说：一个人甚至在理解了什么是正确的情况下仍去做那错误的（根本性的违抗），或理解了正确的而不去实行它。简言之，基督教关于罪的学说就是对于人的冒犯，双重的指控。这是一桩作为原告的神起诉人的案子。

但能有人理解这基督教的学说吗？绝不会的，因为它是真正基督教的并因而是冒犯的。它只能被相信。理解只涉及人与人的关系，但相信则是人与神的关系。那么基督教如何解释这种不可理解性呢？以一种同样不可理解的方式来解释，即将它启示出来。

所以，按照基督教的解释，罪的根子在意愿而非认知之中，并且，这种意愿的堕落影响到个人的意识。这是完全前后一致的，不然的话，罪的起源的问题就必须以涉及每个个人的方式被提出了。

这也就是冒犯的特征。冒犯的可能在于：必须有从上帝那里来的启示告诉人什么是罪，它的根子扎得有多深。自然人或不信教者却这么想："不错，我承认我还没有理解天堂和人世中的每一件事。如果必须有启示，那么就让它告诉我天堂的事情。但是，认为应该有一个关于什么是罪的启示的看法却是毫无理性的。我并不自认为完美，一点也不。然而，我确实知道而且乐于承认我离完美有多远。那么，难道我不应该知道何为罪吗？"但是，基督教这样回答：不，你离完美有多远和罪是什么，正是你所知最少者。从基督教的观点来看，正是在这个意义上，罪确实是无知，无知于何为罪。

因此，上一节给出的罪定义还需要补足为：罪就是依据上帝关于何为罪的启示，在绝望中面对上帝，不要是其自身或者要是其自身。

第三章 罪不是否定而是一种主张（position）

总的说来，〔基督教的〕正宗教理（orthodox dogmatics）一直在维护这个〔罪不是否定而是一种主张的〕看法，并将任何将罪仅仅说成某种否定性的东西（比如软弱、欲望、有限、无知等等）的定义视为泛神论的论调而加以拒绝。正宗学说很正确地认识到这里是该战斗的地方，或者如前面所言，在这里必须收紧终端而不可再退了。它还正确地感到，一旦罪被否定性地加以定义，基督教作为一个整体就是无生气的和立不起来的了。因此，正宗学说强调必有从上帝来的启示，教导堕落的人类何为罪。这学说还前后一致地主张，这种神启交流只能被相信〔而不能被理解〕，因为它是一个定则（dogma）。毫无疑问，反论、信仰和定则这三种成分形成了一个联盟，最确切地摒弃掉一切非基督教的智慧。

这就是正宗学说对罪的看法。然而，通过某种奇怪的错解，所谓思辨教理（speculative dogmatics）——它以可疑的方式涉及哲学——认为它能够理解罪是一种主张（position）的说法。但是，如果这是真的话，罪就是一种否定了。所有理解的秘密就在于这理解本身要比它处理的任何主张都更高；概念建立起了一个主张，但对于它的理解则正是它的否定。尽管这样，由于对这一点意识到了一定程度，思辨教理还是知道在做出某种运动的地方，除了脱开论断之处再不可能求助于什么了,而这运动是很难适合于一个哲学科学的。以越来越庄严隆重的态度,以越来越多的起誓和诅咒,罪被断言为是一种主张;那声称罪仅仅是否定的说法被认为是泛神论和理性主义,〔如果这样的话,〕除了思辨教理否定和厌弃的某种东西之外,上帝就什么也不知道了。于是,就转而去理解罪是一种主张的说法。换句话说,罪仅仅在某种程度上即在它能被理解的范围内是一种主张。

这种思辨的两面性在另一个有关的观点上也表现出来。罪的范畴或罪如何被定义对于忏悔(repentence)范畴是关键性的。由于否定之否定是如此思辨,忏悔就只能是否定之否定了,并因此罪就成了一种否定。附带提一下,如果某位清醒的思想家能在某个时候解释一下下面这几个问题,是会有帮助的。这些问题是:在什么程度上,纯逻辑的东西〔它使人想到逻辑与语法(双重否定就是肯定)的首要关系和数学〕在实际世界和质(qualities)的世界中是有效的?是否各种质的辩证性总的来说没有什么不同?是否"过渡"在这里不再起作用?在永恒的模式下就根本没有空间间隔。因此,每种事物就是存在,而无过渡可言。在这种抽象的中介中,去**主张**(posit)在实际上无别于**取消**。但以这种方式去看待实际性则近于发疯。抽象地说,完成时跟着未完成时。但如果一个人从中得出结论,认为在实际世界中,他未完成的一项工作会被自动地和马上地被完成,那么他就确实是发疯了。这一点也适用于罪的所谓"主张",如果这主张所处的中介是纯思想的话。那中介是太躲闪不定了,以至这主张根本不会被人严肃看待。

但所有这些并非我所关切的。我毫不动摇地坚持基督教的"罪是一种主张"的学说,但不认为它可以被理解,而是视其为一个只可被相信的反论(paradox,似非而可能是的论点)。在我看来,这个学说是站得住的。如果所有要理解的企图能被表明是自相矛盾的话,那么这个问题就获得了一个合适的观察视野,而且也就清楚说明个人的相信与否只能由信仰来决定。我很可理解(这一点绝没有神圣到无法理解的地步),那无论如何也一定要去理解并只能思考(据说是)可理解的东西的人会认为以上的说法十分贫乏。但如果整个基督教世界转向这个看法,那它〔罪是一种主张的学说〕就只能被相信而不能被理解，它**要么被相信，要么**就会使人愤慨或被冒犯。在这种情况下，要去理解的举动还会这么值得人赞扬吗？要去理解那不要被理解的东西是一种伟大成就呢还是傲慢和无思想的表现呢？如果一位君王切望微服出行，完全不被人认出，而只被人们视为一普通人，那么出于通常的惯例而去对他行朝拜大礼还对吗？或者，如果一个人不服从君王这时的意愿而按自己所想的去做，他难道不是在事实上逞一己之能而以自己的思想来对抗君王意愿吗？试问，当此君王不希望被人当作君王看待时，一个人却要以违抗君王的意愿、对此君王表示臣民的尊崇而表现出更多的机灵，这君王会对这种过头的机灵劲儿高兴吗？所以，让别人去赞赏那种假装能理解基督教的人去吧，我却在这个思辨盛行的时代、在所有"他人"都忙于理解之时，去坚持这样一个完全伦理的、要求巨大的自我抑制的任务，即去承认人既不能也不必须去做这种理解。无疑，这正是我们的时代和基督教世界所需要的，即对于基督教的一点苏格拉底式的无知，但请注意是一点"苏格拉底式的"无知。绝不要忘记这罕被人真知、真思的事实，即苏格拉底的无知是一种对上帝的畏惧和崇拜，他的无知乃是犹太人的这样一个说法的希腊版：对主的畏惧是智慧的开端[1]。我们绝不要忘了，他是出于对上帝的尊崇而无知的，他是尽一个非基督徒之所能地、作为一个在上帝与人的交界处的**法官**而履行着保护职责的；他提醒和维持神与人之间的深渊一般的质的区别，神与人并不以某种方式，比如哲学的和诗的方式融合为一。那就是苏格拉底是无知者的理由，也是神灵认他为最智慧者的理由。基督教教导说，一切基督教的东西都完全依据信仰。因此，它就是要成为苏格拉底式的、畏惧上帝的无知；它通过这无知而保护着信仰不受思辨的侵害，警觉地维持住神人之间的本质区别的深渊，就如同它在反论和信仰中被维持住一样，以使得神与人不以某种方式（比如哲学的、诗的方式等等）在〔黑格尔式的〕系统中融为一体。

罪是一种主张的说法只能从一个方面得到澄清。前面讨论绝望的一节不断地指出一种提升，这提升部分地表现为自我意识的强化，部分地表现为从被

1.《圣经·诗篇》第111篇第10节。

行为造成状态向意识行为状态移动中的强化。这两种表现都指示出，绝望并不来自外部，而是来自内部。在同样的程度上，它被越来越多地建立为一种主张（position）。然而，按照给出的关于罪的定义，这个被上帝概念无限强化了的自我是罪的一部分，并且也是对于作为一个行为的罪的最大可能的意识。这意味着罪是一种主张，它**在上帝面前**存在这一点就是它里面的不容置疑的肯定（positive）因素。

而且，罪是一种主张的说法在一种很不同的意义上包含着冒犯的可能性，即反论。也就是说，这反论是救赎学说隐含着的后果。首先，基督教将罪如此牢固地建立为一种主张，因而人类的知性不可能理解它。然而，也就是这同一个基督教致力于以这样一种方式清除这个主张，以至于人类的知性也绝不可能理解它。思辨以这些反论的方式来说到自己，将反论中的双方都剪去一点而变得比较自在。它并不使罪变得很肯定，但也无法在其意识中完全忘记罪。基督教却是首先就发现这些反论，并在这一点上是尽可能地突出〔罪的〕反论的特点。它似乎专门与自己作对，将罪稳固地建立为一种主张，使得要铲除它的可能性似乎完全不存在。可是，就是这个基督教通过救赎要完全消除这罪，仿佛要将它扔进海中淹死一般。

关于 A 部分的附录：这样的话，罪在某种意义上不就成了极罕见的了吗？（道德方面）

在第一部分中提到这样一点，即绝望越是强烈，则它在这个世界中越是罕见。但是，如果罪或这里讲的绝望被从质上再次强化，那么这绝望不就会是极罕见了吗？多么奇怪的问题！基督教视一切都在罪的笼罩之中，我们也试图去将基督教的观点描述得尽可能地严格。但现在这奇怪的结果出现了，即在非基督教世界中找不到罪，而只在犹太教和基督教的世界中有罪；而且，就在那里，罪也是很少见的。

不过，这一点确实是完全正确的，但只在一个意义上而且只以这样的方式是完全正确的。犯罪意味着："在从上帝那里来的一个启示中得知何为罪之后，在上帝面前、在绝望之中不要是自身或在绝望中要是自身。"很少见到这样一种人，他成熟到和对自己通透到了能让这个罪的定义对自己适用的程度。但这种情况的后果是什么？在这里人们必须极为小心，注意到一个辩证的转折。以前我们得出的结论并不是说一个不在更强的绝望状况中的人就不在绝望之中了。相反，那里特别指出，至今绝大部分人仍处在绝望之中，只是程度较低罢了。但处于一个更高程度的绝望之中也没有什么可赞赏的。从美学角度讲，这是一个长处，因为美学关注强度；但是从伦理上看，绝望的形式越强化，则比起较弱的形式来说离拯救越远。

这一点也同样适用于罪。大多数人的生存只能由冷漠的中性状态的辩证法来刻画，他们的生活离善（信仰）是如此之远，如此缺少精神性，以至于无法称之为罪——一点不假，这样的无精神的状态几乎就不能被称为绝望。

当然，做一个严格意义上的罪人并没有什么功劳。但另一方面，一个根本的有罪意识居然能出现于一个沉沦于琐事和对"他人"的愚蠢模仿，以至几乎不能被称为有罪的生活里〔也颇令人费解〕。这样一种生活是太无精神性了，说不上有罪，而只配像《圣经》所说的，被"吐掉"而已[1]。

但这事还没完，因为罪的辩证法又以另一种方式设置了圈套。一个人的生活是怎样变得如此无精神性，以至于基督教似乎都不能切中它了，正如一个起重机（基督教的升华就是一种悬空吊起）无法被用于不坚实的泥沼地一样呢？这种事不也在人那里发生吗？不，这是他自己的错。没有人天生就没精神，不管有多少人到死也以这种无精神状态为其生活的唯一产物，这却不是生活或生命本身的错。

尽管如此，还是必须尽可能坦率地指出这样一点，即所谓的基督教世界（在其中所有人自然地就是基督徒，因而有多少人民就有多少基督徒）不仅是真正基督教的劣制版，充满了歪曲意义的印刷错误和没脑子的漏缺与混杂，而且也是对于真正基督教的滥用、亵渎和灵魂出卖。在一个小国家中，在任何一代人中难得出现三位诗人，但却可以出现一大堆牧师，多得比能任命的还要多。据说诗人是受到了〔精神上的〕召唤的，但在绝大多数人（因此也就是绝大多数基督教徒）看来，通过一次考试就

1.《圣经·启示录》第3章第16节。

足以取得牧师的资格。可是要知道,一位真正的牧师甚至比一位真正的诗人还要罕见,"召唤"这个词原本就出自宗教的生活。但是,在基督教世界中,仍然有这样一种观念的残余,即做个被召唤的诗人是不简单的;但是,在绝大多数人(因此也就是绝大多数基督徒)的眼中,做个牧师却毫不稀奇。如果说话不拐弯的话,这只不过是一种挣钱糊口的方式,一丝一毫的神秘也没有。"召唤"就意味着一个正式的〔牧师〕职位的任命,〔获得此任命的人〕就是"受到召唤",而"有一个召唤"的说法则被用到这样一种人身上,他有一个可供出售的召唤。

可叹!这个词在基督教中的命运就好像是对于每一个本质上是基督教的事物的讽刺诗(epigram)。问题并不出在基督教没有得到宣扬(因而问题并不在于没有足够的牧师),而出在这宣扬的方式使得大多数人最终将基督教视为无重大后果的(正如这大多数人认为做一个牧师与做一个日常的商人、律师、装订书的工人、老兵等等并无区别)。因此,最高的和最神圣的事物对什么也毫无影响,只是被作为(上帝知道为什么)例行的和习惯的东西被谈着和被听着。这样,一点也不奇怪,根本就感觉不到他们的个人行为有什么无法为之辩护之处,而只是感到有必要为基督教辩护。

一位牧师当然应该是一个信仰者。真的信仰者!而一位真正的信仰者就是一位恋爱者(lover)。实际上,说到热情,一切恋爱者中最热烈的恋者也比不上一位信仰者。请想象一位恋爱者吧。他难道不能去没日没夜地谈着他所爱的人吗?可是,你能想象他会不厌恶这种谈到他的爱人的方式,即以三点理由去证明在爱中确有某种重要的东西,就如同牧师为了给予已经如此掉价的祈祷以某种特权而去以三点理由证明祈祷是有益的一样吗?另一种表达方式也是这样的,只是更可笑,即牧师以三点理由去证明祈祷是"超出了一切理解"的至福。好一个荒唐之极的虎头蛇尾!那超出了一切的理解者居然被以三点理由证明,这理由如果确起作用的话,就不会超出一切理解。正相反,它们倒是不可避免地向理智者表明,这至福绝没有超出一切理解,因为"理由"毕竟处于理解的范围之内。不,对于那真正超出了一切理解者,对于那相信它的人,三点理由不比三瓶烧酒或三只鹿更多!而且,你怎么能相信一个恋爱者会去为他的爱辩护,那岂不是承认对于他来讲这爱还不是绝对者、无条件的绝对者，而是属于那能受到论辩反对并因而需要辩护的一类东西？这岂不是承认他并没有爱而与自己打架吗？如果某人向一位恋爱者建议他以这种方式说话，你不认为这恋爱者会视此人为发疯？如果他除了是位恋爱者之外还是一位观察者的话，你不会认为他会怀疑这位建议者根本不知何为爱情，或存心要他通过为爱情辩护而背叛他的爱吗？明白无误的事实是，真正处在爱情之中的人绝想不到要用三点理由去证明它或为它辩护，因为他本人的状态超出了所有的理由和任何辩护，这就是：他处在爱情之中。任何去证明和去辩护的人都不在爱情之中，他只是装作在其中而已。不幸的或万幸的是，这么做的人是如此愚蠢，以至他所做的不过是在告发他自己不在爱情之中的状态。

但这恰恰是那些牧师们谈到基督教的方式。他们或是为基督教"辩护"，或是将其转换为"理由"，如果还没有进一步去"理解"它、思辨地修补它的话。这就是所谓的讲道，而且，在基督教里，这种讲道和有人聆听它的事实甚至被看作是重大的事情。这也正是基督教世界（它用这种讲道和听道来证明自己）距离它的真义是如此之远的原因。其结果就是，按照真正的基督教徒的理解，大多数人的生活变得太无精神性了，以至无法在严格的意义上称之为有罪。

➻ B. 罪的持续

罪的每一状态都是一新罪,解释得更清楚一些(下一节将这么做)就是:罪的状态(the state of sin)是新罪,这也就是这罪本身。有罪的人可能会认为这种说法太过分了,他至多只能承认每个实际的新罪是一桩新犯的罪。然而,那给他记着细账的永恒性一定要将罪的状态登记为新犯的罪[1]。对这永恒来说,只有两个可能,"不来自信仰的一切都是罪";一切不忏悔的罪是一桩新罪,而且,这不忏悔的每一时刻也是一新罪。但是,一个具有自我意识的持续性的人是多么罕见! 一般说来,人只是在某

1.《圣经·罗马书》第14章第23节。

个特殊时刻,即在做重大决定时才有〔自我〕意识,但是他们在日常的每一天中并非如此。他们在一周中的某一天或一天中的某一小时是有精神的,这自然是一种很糊涂的有精神的方式。然而,永恒是根本的持续,并这样要求着一个人,或要求他作为精神而有意识并有信仰。有罪者却深陷于罪的力量之中,因而对于这罪的完全涵括的本性不知不觉,迷失了自己,并朝向毁灭。他只想到每一个看起来是使他进一步朝向毁灭之路的特别的新罪,似乎他并不是正沿着那带有他以前罪的所有动力的一条连续道路行进着。罪对于他已变得如此自然,或者,罪已在如此深的程度上成了他的第二本性,以至于他感到日常的每一天是完全正常的,而且每次当他从他所谓的新罪中知觉到新的动力时,他也只在一瞬间留意到它。在这种迷失状态中,他看不到这样一个事实,即他的生活中存在着罪的连续而不是永恒的根本连续,这后一种连续性是通过在信仰中面对上帝而出现的。

"罪的连续"——可是罪难道不特别指不连续的状态吗?这里我们又看到前面涉及过的认为罪只是一种否定的观点。这作为否定的罪就好像那绝不会被合法化的偷来的东西，无力地企图去建立自己，但却经历着那在绝望的冒犯中的无力状态的折磨。它不能建立自己。是的，这就是罪在思辨那里的存在方式，但按照基督教，罪是一种主张（这一点只能被相信，因为它恰恰是那人无法理解的反论），它靠自己就发展出了一种不断递增的连续性。

这种连续性的增长法则不同于欠债或透支增长的法则。一笔债并不因为它没有被偿付而增长，它只在它实际增加了时而增长。但罪却不是这样，只要这个人还未离开它，它每时每刻都在增长。所以，罪者认为只有新罪才使罪增长的看法是错误的。从基督教的观点看来，罪的状态实际上是比新罪更大的罪。我们甚至听到这样一个格言：罪是人〔犯〕的，但保持在罪中就是魔鬼〔犯〕的了。当然，基督教对这个格言会有不同的解释。只看到新犯的罪而看不到那在两个具体的罪之间存在的东西的观察是草率的，就如同认为火车只在〔蒸汽机车〕喷气时才运动的假定一样肤浅。不，这〔间歇的〕喷气和随之而来的推力不应是关注的要点，应关注的是那使火车前进并产生那蒸汽的持续的推动力。因此，关键在于罪。在最深的意义上，罪的状态就是罪。

具体的罪不是罪的持续而是对于罪的持续的表达；在特殊的新罪里，罪的动力只是变得更明显更可见而已。

罪的状态是比具体的各种罪更严重的罪，它就是这罪本身。以这种方式来理解，留驻于和徘徊于罪中就是罪的持续，也就是新的罪。一般的观点却与此不同，它认为某一个罪产生新罪。但它却有一个深得多的根子，即罪的状态就是新罪。莎士比亚剧中麦克白（第三场，第二幕）说的一句话在心理学上是高明的："由罪产生的东西只有通过罪而得到力量和强度。"换句话说，在罪本身的深处有一种一致性（consistency），并且在这处于邪恶本身里的一致性中，罪也有着某种力量。但那些眼中只有各种具体罪的人是看不到这一点的。

大多数人在其生活中多半是太缺少自我意识，以至于完全不知晓何为一致性。也就是说，他们并不是作为精神而活着。他们的生活或处于某种令人疼爱的孩子气的天真状态中，或处于浅薄的琐事中。这生活由各色的一些行为、一些事件组成：时而做些好事，时而又做些愚蠢的事，然后一切从头再来；他们可以在一个下午或三周里处于绝望之中，但忽而又成了个快活的家伙，继而又绝望一整天。可以说，他们是在生活中嬉戏，从未经历过将一切归总在一起的状态，也从未得到过一个无限的自身一致的观念。这就是他们总是相互谈论着具体的善行和具体的罪的原因。

每一个处于真正的精神之中的存在，甚至仅靠它自己的责任感和冒风险，具有一种根本的内在一致性，以及在某种更高的东西或起码在某个观念中的一致性。这样的人对任何不一致性有着极大的恐惧，因为他极深切地理解到这种不一致的后果，即他会丧失他生活于其间的整体性。最轻微的不一致也会导致巨大的损失，因为那说到底意味着他失去了一致性。就在那一刻，魔咒可能被击碎，那将他的所有能力和谐地拢在一起的神秘力量被减弱，绕紧的弹簧被松弛；一切都变得乱七八糟，在其中各种能力互相打架并将自我抛入痛苦之中。这是一种在其中无自身一致、无势能、无动力的混乱状态。这架在其一致状态中如此有力而且驯服可塑的巨大机器完全失控了。它过去越出色，则这种混乱就越可怕。那依靠着善的一致性而有自己生活的信仰者对于哪怕是最轻微的罪也有着无穷的恐惧，因为他面对着一个无限丧失的可能。生活于直接性中的、像儿童一样的或带着孩子气的个人们根本就没有可丧失的整体性，所以他们总只是赢得和丧失具体的东西或在特殊状态中的东西。

就其与罪的内在一致性的关系而言，恶魔样的人（信仰者的反面）与信仰者是一样的。他的处境类似于总要将自己保持在沉醉状态中的酗酒者，这后者之所以要这样，是害怕如果他在一天中完全清醒，这沉醉感就会消失，而他也就会处于无能力的状态和各种可能的后果之中。确实，恶人具有与善人完全一样的态度的例子并不难发现。善人在有着极大诱惑力的犯罪可能性面前这样乞求着："别引诱我吧！"而一个面对着比自己强的善者的恶人，当这善者向他展示某种善的全部崇高性时，会为自己去恳求、满含眼泪地恳求这善者不再对他说什么，因为他不愿（这正是他的用语）使自己变弱。正是因为这恶人有一个内在的一致性，而且在这邪恶的一致性中保持着一致，他也有一个可被失去的整体。一瞬间的不一致、一次饮食上的不小心、一次旁视、以另一种方式看到和理解到整个事情或仅仅其中的一部分，这些都可能使他不再是自身。换句话说，他在绝望中抛弃了善。这善无论以什么方式也不能帮助他，却肯定能搅扰他，使得他不能再获得一致性的全部势态，也就是使得他软弱。只在这罪的一致性中，他才是他自身，他才生活着并有一个关于自身的印象。但这意味着什么？它意味着这罪的状态正是那将他保持在他已经沉沦的深处的力量，以它的一致性亵渎地加强他。它不是那帮助他的新罪（是的，这是可怕的狂乱！）情况倒是，这新罪只是对于罪的状态的表达，这罪的状态实际上就是这罪本身。

所以，现在正讨论着的"罪的持续性"主要并不意味着具体的新罪，而意味着罪的状态；这罪的状态成为罪的内部强化，或有意识地保留在罪的状态之中。所以，在强化中的运动规则，在这里正像在任何其他地方一样，是内向的，处于越来越大的意识强度之中。

甲、对于其罪产生绝望之罪

罪是绝望；强化则是由于对于其罪的绝望（despairing over one's sin）而犯的新罪。当然，这明显地处于强化的范畴之中；它并不像一个人第一次偷了一百元、下一次又偷了一千元钱那样是一种新罪。不，我们这里并不是在谈具体的各种罪。这罪的状态就是这罪，并且在一个新的意识中被强化。

对于某个人的罪的绝望表明这罪已经成为或要成为内在一致的。它摒绝任何与善相关者，不愿意软弱到去偶尔听他人谈话的地步。不，它坚持只听它自己的，坚持只与自己打交道；它将自己关闭于自身之中；将自己锁入了更深一层的禁锢中，并且通过对于罪的绝望而保护自己不受善的任何攻击和追逐。它意识到自己已经破釜沉舟，断绝了接近善以及善接近自己的可能。因此，即便在某个软弱的时刻它又向往善，也绝不可能达到。罪本身是与善隔绝，但绝望于罪则是第二重的隔绝。当然，这就从罪里挤出了最大的邪恶力量，给予它亵渎上帝的顽强和不挠，致使此罪必须完全一致地将一切忏悔和恩惠不仅视为空洞和无意义，而且视为它的敌人，视为必须用一切可能的防御方法去加以反对的东西，正如善者用防御来保护自己、对抗引诱一样。以这种方式来解释，则（在〔歌德写的〕《浮士德》中）靡非斯特（Mephistopheles）所说的"没有什么比一个绝望的恶魔更可悲的"这句话就很正确了,因为"绝望"在这里必须被解释为愿意软弱到能听见有关忏悔和恩惠之事的状态。如果要通过罪与对于罪的绝望之间的关系来描写强化,则前者(罪)可以被称为与善脱离,而后者(对于罪的绝望)则可视之为与忏悔脱离。

对于罪绝望是一种通过更深的沉沦而存活下去的努力。正如一个乘气球的人通过扔出重量而上升,在绝望中的人通过越来越坚定地扔掉所有的善而下沉(因为善是提升人的)。当然,在他私自想来,他的沉沦意味着他正在上升;当然,他也确实变得更轻浮。罪本身是绝望进行的斗争。但是,当〔罪的〕所有力量都耗尽之时,可以出现一种新的强化,一种新的魔鬼般的自闭,这就是对于罪的绝望。它向前更进了一步,是魔鬼力量的升级,当然也是完全沉浸于罪的状态。它是这样一种努力,通过下决心绝不听到任何有关忏悔和恩惠之事,给予罪的力量以稳定和兴趣。尽管如此,对于罪的绝望特别意识到了它的空虚,即它没有任何可凭之生活的东西,甚至关于它自身的观念也没有。〔莎士比亚剧中〕麦克白（Macbeth）的一段话（第二幕第二场）[1]从心理学上讲是很典型的："从现在这一刻（即他谋杀了国王之后而又对于他犯的罪绝望）开始，人世中再无严肃者在；一切都只是玩偶，名望和恩惠死去了。"最后两个词（"名望和恩惠"）中包含的双重转变正是妙笔所在。由于这罪或对于他的罪的绝望，麦克白失去了与恩惠的一切关联，并同时失去与自己的关联。他的自私自利的自我在野心中达到顶峰。他现在已在事实上成为国王，然而，在对于他的罪的绝望、在关于忏悔和恩惠的实在性的绝望之中，他也失去了他自身，他甚至不能独自继续他的事情。在实现了其野心的高位上，他既不能欣赏他自身，也不能得到恩惠。

在生活中（就对于罪的绝望出现于生活之中，但人们总将它描述为那种样子而言），人们关于那对于罪的绝望状态常有各种错误的概念，这多半是因为人们普遍沉溺于轻浮、无思想和纯粹的浅薄。由于这个缘故，他们总是对于某种被视为更深邃东西的表现肃然起敬。在对于它本身和它的含义不清楚

---

[1]. 应是第二幕第一场。

的混乱之中，或以伪善的面貌、或通过内在于一切绝望中的机巧和老谋深算，对于罪的绝望并非不乐意让自己以某种好的面目出现。于是，它被设想为一个对于它的罪非常敏感的更深本性的标志。例如，一个人犯了这样或那样的罪，但在一个长时期中成功地抵抗住了引诱；可现在他又旧病复发，再次屈服引诱。这时他陷入的抑郁状态绝不总是对于罪的懊悔。它可以是非常不同的东西，比如是一种反对当权者的苦痛，似乎这当权者要为他屈从于引诱而负责，而且这当权者不应对他如此严厉，因为他已经在如此长的时间中成功地抵制了引诱。无论如何，直截了当地将这种懊悔视为好的或善的，毫不意识到所有这些热情中隐含的表里不一就完全是软弱的表现。这种表里不一的两重性反过来又是一种不祥的预兆，预示着这热情者后来将会明白（而那将使他达到发疯的程度），他所说的与他要说的正相反对。这种人越来越强烈地极力声明，这旧病复发折磨着他，将他带到了绝望之中。他这样说道："我将绝不会宽恕自己。"这被认为是表现出了在他心里有何其多的善良和一个深邃的本性。可它却是一个托词。我有意用了这样一个现成的、在这种情况下总听到的表达："我将绝不会宽恕我自己。"以这样的话，一个人就能辩证地马上改善他自己的处境。他将绝不会宽恕他自己，但是如果上帝在这事上宽恕了他，好了，他就理所当然地有了能宽恕他自己的善意。不！他对于罪的绝望绝不会使他有资格得到善，而是使他更强烈地陷入罪，沉浸于罪。而且这种罪的强化的高峰正是发生在他充满热情地重复这种表达并以此而〔在表面上〕否定他自身（这实际上是他最少想到的）、发生在他"将绝不会"在这样的罪面前"宽恕他自己"的信誓旦旦之时，因为这种说法正与祈祷上帝宽恕的、伤心至极的悔悟相反对。关键在于，在他成功地抵制住了引诱之时，他在自己的眼中显得比实际的他要更好，他以自己为骄傲。正是由于这种骄傲，他的有罪的过去才成为完全的过去之事。可是，在这旧病复发之中，这过去忽然又成了活生生的现在。他的骄傲无法忍受这样一种回想，因此造成了他的深切的焦灼，等等。但这种焦灼清楚地表明一个远离上帝的动向，一种秘密的自私和骄傲。它顶替掉了那感激上帝的谦卑开端。在这后一种状态中，他感激上帝帮助他在如此长的时间中抵制住了引诱，在上帝和他自身面前承认这已经远过于他配达到者，并因此而让自己在对于过去的回忆中谦卑。

我们在这里也正如在每一个地方那样看到了那些古老的虔诚书籍所如此深刻地、有经验地和有教益地解释的东西。这些书籍教导说，上帝有时让信仰者在这种或那种引诱面前跌倒，正是为了使他谦卑并因而更好地在善中成就他。这种旧病复发和可能的有意义的进展之间的对比使他难堪，使认同他自身成为非常痛苦的事。一个人越是向善，具体的罪就会变得越加尖锐地痛苦，而如果他不是进一步转向善，最轻微的不耐心也会特别危险。在他的悔恨之中，他可能沉入最黑暗的抑郁之中，而一个愚蠢的精神劝告者可能会倾向于赞美他的深刻灵魂和善对于他的有力影响，仿佛这就是善似的。他的妻子与他这样一位热诚的、神圣的、能以这种方式悔恨于自己的罪的人相比，也会深深地感到谦卑。他的谈话甚至可能更有欺骗性，他可以不去说："我绝对无法宽恕我自己（仿佛他以前已经宽恕过他自己的罪似的——这是亵渎上帝的做法）。"不，他这样说："上帝绝不能在这件事上宽恕我。"注意，这正是他的托词之所在。他的悔恨、他的牵挂、他的绝望是自私的（正如对于罪的焦虑有时在实际上将一个人驱入充满焦虑的罪之中，因为这焦虑是以它自身为骄傲的和要抹去罪的自爱），这精神上的安慰根本不是他所需要的。因此，那些精神上的劝告者为接受这种安慰的举动而给出的大量理由只会使这疾病加重。

乙、关于宽恕罪（冒犯）的绝望之罪

在这一点上，自我意识的强化就是对基督的知晓，一个直接面对上帝的自我。首先（在第一部分）出现的是无知于有一个永恒自我的状态，然后出现的是知道有一个具有某种永恒性的自我状态。接着（在向第二部分过渡之中），指出了这两种状态的区别也被包含在这样一个自我之中；它具有一个关于自身的人类概念或将人作为标准。与此相对的是一个直接面对上帝的自我，而这种自我构成了关于罪的定义的基础。

现在，一个自我直接地来到基督之前，也就是一个在绝望中仍不要是它自身或在绝望中要是它自身的自我。关于罪的宽恕的绝望（despair of the forgiveness of sins）必须能追溯到绝望的这个公式或那个公式：在软弱中绝望或违抗（defiance）的绝望。在软弱中绝望意味着被冒犯和不敢去相信；违抗的绝望则意味着被冒犯和不要去相信。但这里软弱和违抗与它们通常所是者相反，因为这里的要点不只涉及是其自身，而更涉及在罪人范畴（也就是一个人的不完美范畴）中的是其自身。一般说来，软弱是指：在绝望中不要是其自身。这就意味着违抗，因为它在这里确实是不要是其自身的违抗，或不要是一个人所是者（即罪者），并因此而要摆脱掉〔上帝对于〕罪的宽恕。一般说来，违抗是指：在绝望中要是其自身。在这里，这就是软弱，在绝望中要是其自身（即罪者），这样一来也就没有宽恕了。

一个直接处于上帝面前的自我是这样一种自我，它被从上帝那里得到的无限的让步所强化，被降临到它头上的无限的强调所强化，这强调就来自上帝让他自己出生于世、成为人、受苦，并为了这个〔人类〕自我而死。正如以前讲到的，上帝的概念越伟大，自我就越突出。因此，真确无疑，基督的概念越伟大，自我就越突出。从其性质或资格上讲来，自我随其标准而是其所是。"基督是其标准"就是对于一个自我所具有的不稳定的实在性的表达，而这种表达是被上帝所证实了的，因为只有在基督之中，说上帝是人的目的和标准才是真的。但自我越是突出，罪就越强烈。

罪的强化也能从另一方面显示出来。罪是绝望，强化则是对于罪的绝望。但现在上帝在对于罪的宽恕中提供了和解。尽管这样，这罪者依然绝望，而且他的绝望还得到了更深的表现：它现在以某种方式与上帝相关，并且正由于它更远离〔上帝〕，它就更强地沉浸于罪中。当这罪者关于罪的宽恕而绝望，这情况就好像是，这罪者径直走到上帝的面前说道："不，没有对于罪的宽恕，这是不可能的。"而这看上去就像一场近战。然而，要能够说出这话并让它被听见，一个人必须从质上远离上帝；为了能近战，他必须处远。精神的生命就是这样奇怪地被建立起来。为了让这在某种意义上是与上帝相搏的"不"被听到，一个人必须尽可能地远离上帝。最具冒犯性的朝向上帝就是处于最远的距离；为了向前朝向上帝，一个人必须远远离去。如果他靠近，则他不能向前；如果他向前，那么这在实际上就意味着他远遁了。人直接面对上帝时是何其无力！如果一个人向前朝向一个有身份的和重要的人物，他会因其冲向反方向而受惩罚。但是，为了能够向前朝向上帝，人必须远离他。

在生活中，特别是自从伦理的东西被放弃以来，这种罪（即由于绝望于罪的宽恕而导致的罪）更经常地被错认了，因而就很难或根本不再听到真正伦理的声音了。关于〔神〕宽恕罪的绝望从美学和形而上学的角度被尊为更深刻本性的表现，就如同将一个孩子的淘气不驯视为一种更深本性的表现一样。总而言之，自从作为人与上帝之间唯一规范性的关联的"你应该"被放弃以来，进入宗教领域的种种混乱简直令人无法相信。这种"你应该"必须存在于任何关于宗教事情的决定之中。然而，在它本应出现的地方，关于上帝的观念或概念已经被怪诞地用来作为人类重要性中的成分或直接面对上帝之人变得自负的因素。正如一个政治中的人通过反对派的立场，乃至宁可要一个可供他反对的政府而成为自负或自视重要的，现时宗教中的人也不情愿完全抛弃上帝，其目的只是为了通过反对上帝而让自己变得更重要。以前被恐惧地认为是表达出了不敬神的反抗性的一切东西在今天都被认为是天才，是一个更深刻本性的表现。"你应相信"是一个旧式的表达，既短又好，绝对清醒。可现在谁有能耐不去这么做倒被视为天才和深刻本性的表现了。以前讲"你应相信〔上帝对〕罪的宽恕"，对它的评论只是："你如不能这么做，就会伤害你自身，因为一个人能够做他被〔神〕要求去做的事情"。可现在能够不去相信这种宽恕倒成了天才和更深本性的表现。基督教世界引出了何其出色的成果啊！如果听不到关于基督教的言论，人们也不至于如此受骗，非基督教世界就是这样的。但是，由于基督教的概念以非基督教的方式被四处传播，它们就以最恶劣粗暴的方式起着作用，如果还没有被以其他的也是同样无耻的方式被滥用的话。诅咒在非基督教世界中并不常见，而在基督教世界中则司空见惯，这难道不颇有含义吗？异教徒通常是出于某种对于神秘者的恐惧而极其严肃地提到神的名字，但在基督教世界中，上帝的名字却最经常地出现于日常言语中，而且被给予最少的思想，被最漫不经心地使用着，这难道不也很发人深省吗？之所以会这样，是因为这可怜的、被显示出来的上帝（他没有像上层阶级通常做的那样隐蔽自己，而是被极其不经意地和不明智地暴露出来）已经成了一个对于全民来讲都是太熟悉了的名角。人们可以通过时常去教堂来极好地服侍这样的上帝，而这正是牧师所要求于他们的。这牧师以上帝的名义感谢他们的访问，以虔敬的名号来奖赏他们，却对那些绝不肯到教堂来对上帝表示敬意者有些刻薄。

关于罪的宽恕的绝望所导致的罪就是**冒犯**（offense）。由于基督声称他宽恕或赦免罪，犹太人完全有权力感到受了冒犯。如果一个人不是一位相信基督就是上帝的信仰者，那就需要一种异常高的非精神性（这也正是基督教世界中的惯常现象）才会不被某人声称他能宽恕罪的说法冒犯。而且，要不被"罪能够得到宽恕"的观念冒犯，也需要同样高的非精神性。对于人的理智说来，这〔即基督能宽恕罪〕是最不可能的了。但我也并不因此而将那些不能去相信它的人赞美为天才，因为它**应该**被相信。

在非基督教的世界中，这种罪当然不会被找到。如果这非基督徒能够具有关于罪的真实概念（他其实做不到这一点，因为他缺少上帝的观念），他除了对于这罪绝望之外是一筹莫展。确实，如果他能做得更多（这里正是能向人类理智和思想让步的地方），这位非基督徒就必须受到赞扬，他实际上达到了不对于世界、不对于一般意义上的他自身绝望，而是对于他的罪绝望的地步。从人类角度说来，要做到这一点，就必须达到深层的和伦理的维度。没有狭义的人类存在者能超出这一维度，而且很少有人真的达到这个地步。但是，从基督教的角度看来，一切都改变了，因为你应该相信对于罪的宽恕。

关于罪的宽恕，什么是基督教世界的形势呢？基督教世界的状态实际上就是关于罪的宽恕的绝望。但必须了解到，基督教世界远远落后于这种状态，因而这状态从未明显地存在过。甚至关于罪的意识也没有达到，被认识到的罪的种类并不异于非基督教世界所认识者。生命在非基督教的平静心态中愉快地流逝。然而，生活于基督教世界中的人们超出了非基督教世界的范围，他们走到前端并在想象中认为这种心境平和（它在基督教世界中也不能是另外的样子了）就是对于罪的宽恕的意识。牧师也在鼓励他的听众相信是这么回事。

基督教世界的根本麻烦就在于它的基督教性，即关于上帝—人或上帝之人（the God-man）的教导

（请注意，从基督教立场理解，这种"上帝—人"由反论和冒犯的可能性保护着）被不断的布道亵渎了，上帝与人之间的本质区别被以泛神论的方式放弃了（首先通过思辨这样的高级趣味的方式，其次通过这样那样的低级趣味的方式）。在这个世界上，哪一种学说也不能像基督教那样真正地使上帝与人如此靠近，任谁也做不到这一点，因为只有上帝本身能做到。任何人类的构造只是一种幻梦，一种危险的幻觉。但是，任何学说也没有如此艰难地去保护自己不受最可怕的渎神举动的侵害。这举动使上帝采取的〔与人和解的〕第一步完全落空，似乎上帝与人通过它而融合为一了。任何其他学说也没有以基督教的方式即冒犯的方式来保护自己。让那些耍嘴皮子的家伙们、松散的思想家们见鬼去吧！

如果生存中的秩序要被维持——上帝需要它，因为他不是混乱之神——的话，那么首要的事情就是要记住每一个人类存在者是一个个人，而且必须意识到这一点。如果人们被认为首先存在于亚里士多德称之为动物范畴的状态或群众之中，那么这样一个抽象就不被〔正确地〕认作什么也不是，也不被认为比最不重要的人类个人还渺小，而是被视为某种重要的东西。这样的话，这抽象物就会很快地成为上帝。于是，从哲学的观点看来，上帝—人的学说就是正确的了。因此，正如我们已经看到，在各个政府那里，群众吓住了国王，报纸吓住了内阁大臣们；同样，我们终于发现所有人的总和吓住了上帝。这就是被称作上帝—人的学说，或认上帝与人无别的学说。当然，那些散布群体等于个人的学说的哲学家中的一些人看到这种学说已经降低到视一群暴民为上帝之人的地步时，也厌恶地转开身。但这些哲学家忘记了这仍是他们的学说；他们忽视了这一点，即就算上层阶级或上层阶级中的精英接受了它，就算这精英或哲学家的特殊圈子成了它的体现，这学说也并不变得更有真理性。

这意味着上帝—人的学说已经使得基督教世界变得厚颜无耻。它似乎是在表明上帝过于软弱，他正在遭受好心人所遭受的同样命运，即做了过多的让步后反被报以忘恩负义。正是上帝设计了，关于上帝—人的学说，可现在基督教世界已经无耻地将它翻转了过来，反倒将亲缘关系兜售给上帝，以至上帝所做的让步实际上与今天一个国王同意一部更有独立性的宪法的让步具有相似的意义。当然，我们知道这意味着什么,即"他是被迫去这么做的"。情况似乎是:上帝已让自己落入了烫水之中,而明智之人认为"这全是上帝自己的错"的看法倒似乎是对的。你为什么这么深地与人搅在了一起?如果不是这样的话,人就绝不会想到上帝与人之间会有这样的相似性。正是你说出了它,现在你就正在自食其果。

但是基督教从一开始就保护了它自己。它以关于罪的学说开始。罪的范畴就是个人的范畴。罪完全不能被思辨式地思考。个别的人类存在者位于这个概念下面的更深处。他不能被这样思考,只有"人"这种概念才能被思考。这也就是思辨必须以群体**先于**个人的学说为开端的原因。我们根本不能期待思辨者认识到概念**无法**达到实际。然而,正如一个个人不能被思考,一个个别的罪人也不能被思考。罪能被思考(那样它就成了否定),但一个个别的罪人则不能被思考。这正说明了,如果罪限于被思考的范围,就不会有对它的热诚关切(earnestness),因为这热切只在于你和我都是罪人。热切不是普遍意义上的罪;相反,这热诚关切的重心在这作为一个单独个人的罪者身上。如果思辨学说是一致的话,它就必须轻视这单独人的存在或那不能被思考的存在。如果它要沿着这条路线去做任何事情的话，它就必须对这个人说：这种个人性不是白耽误功夫的事情吗？忘了它吧！做一个单独的个人就什么也不是！一旦去思想，你就属于全人类了：我思故我在。但那却可能是个谎言，可能这单独的人类个人和去做一个单独的人竟是最高的。假定情况就是如此吧！要完全保持一致，思辨者就必须这样说：做一个个别的罪者不是任何东西；它位于这概念下面的深处；切莫在它上面徒耗时间；等等。可那又会怎样呢？不做一个个别的罪者，一个人去思考罪（正如一个人被要求去思考"人"的概念，而不是去做或去是一个个别的人类存在者）吗？那又怎样呢？通过思考罪，一个人就变得"有罪"——我思故我在——了吗？好一个才华横溢的建议！但以这种方式，一个人就完全不必有罪（纯粹的罪）了，因为罪不能被思考。考虑到罪确实处于"罪"的概念之外的事实，甚至思辨者也必须承认这一点〔即罪不能被思考〕。但是让我们终止这种基于让步的争辩吧，主要的问题并不在这里。思辨者想不到，一旦关系到罪，就涉及了伦理的东西，而这后者总是指向与思辨相反的方向并向相反处走，因为伦理的东西并不从实际性（actuality）那里抽象出去，而是将自身没入实际性中，并要依据那在思辨者看来不值得注意和可笑的范畴，即个别性来运作。罪是单独个人的资格。当一个人就是这个个别的罪者时，认为做一个个别的罪者什么也不是的看法就是不负责任和犯新的罪。就在这里，基督教介入了，在思辨之先显示出十字架。思辨之不能处理这个问题就如同帆船无法直接逆风而行一样。对于罪的热诚关切就是罪在单独个人（不管是你还是我）里的实际性。从思辨上讲来，我们应该不考虑单独个人；因此，从思辨的角度我们只能肤浅地谈论罪。罪的辩证法与思辨的辩证法正相反对。

基督教以此为开端，即以关于罪的学说、并因此而以单独个人为开端。当然，正是基督教倡导了上帝—人以及上帝与人的相似性的学说，但它也极为憎恶那轻率的和厚颜无耻的得寸进尺。通过关于罪和特殊的各种罪的学说，上帝和基督就不同于任何一位国王，因为他们以此学说而万无一失地保护了自己，抵抗住了国家、人民、群众、公众等等，也抵抗住了每一次想颁布一部更独立的宪法的要求。

所有那些抽象对于上帝根本就不存在，因为在基督里面的上帝只生活于单独个人（罪者）之中。但上帝又能完美地照顾到全部，连麻雀也照看到。上帝确实是秩序的朋友，并为了那个目的而在每一空间每一时间中都存在于人之中（在教科书中，这被列为上帝的一个性质，人们对于它只偶尔念及，但从未试着去连续地思索它）。上帝的概念不同于人的概念。在那概念下面，单独的个人处于不能被融入概念的状态中。上帝的概念包容一切，但在另一个意义上他根本就无意义可言。上帝绝不让他自身被消减压缩，他理解实际性本身及这实际性中的特殊存在者；对于他，单独的个人并不处于概念之下。

关于罪（你与我都是罪者）的学说是一个无条件地劈分开"群众"的学说，比以前任何学说都更彻底地确认了上帝与人的质的区别，因为只有上帝能做这种区别。罪就是：**在上帝面前**。人与上帝的不同不能以任何别的方式达到如此彻底的程度，而这个区别方式就在于：他或每一个人是一个罪者，而且就是"在上帝面前"。通过这种方式，这两者〔人与上帝〕在两重意义上被置于一处：他们被放在一起，不让其相互分离，但正因为他们以这种方式被放在了一起,他们之间的区别就显现得更为强烈尖锐,就如同将两种颜色放在一起,它们的对比在此并置中就显得更为清楚一样。罪是一个仅仅适用于人类存在者的谓词,绝不能被用到上帝身上,不管是以否定的方式还是理念化的方式。说上帝不是一个罪者(就如同说他不是有限的并因此经过此否定而是无限的)也是亵渎不敬。

作为一个罪者,人与上帝之间有一根本的、最深不可测的深渊。反过来也是一样,当上帝宽恕人的罪时,他与人也被同样深裂的渊薮隔离开来。如果通过某种反向的调整,这神圣者毕竟能够被移向人类的话,还是有一种方式使得人永远不能与上帝相似,即人永远不能宽恕罪。

在这一点上,存在着对于冒犯的最极端的强调,它的必要性就出于那谈论上帝与人的相似性的学说。

但是,冒犯很可能是主体性和单独个人的最具决定性的资格。去想一个冒犯而不想到一个被冒犯的人是不可能的,正如想一种没有吹笛者的吹笛一样不可能。但即便思想也必须承认,除非某个单独的个人被冒犯了,冒犯(甚至甚于堕入情网)就只是一个虚幻的、没有实际性的概念。

因此，冒犯就与单独的个人相关。基督教就以此为起点，也就是以让每个人都是一个单独的个人、一个单独的罪者为起点；这里，天地之间与冒犯的可能性（只有上帝控制着这种可能性）相关的一切东西被集中了起来，这也就是基督教的特性所在。因此，基督教对每一个个人讲道：你应该相信。这也就是说，你或者应被冒犯或者应该相信。再没有什么可说的、可增加的了。"现在我已经说了"，上帝在天上宣告，"我们将在永恒中讨论它。同时，你能做你所要做的，但审判就在手边。"

一个审判！当然，我们作为人从经验中得知，当在船上或在一个军队里发生了兵变，如果有极多的人参与了它而有罪，那么就必须放弃惩罚。如果这种罪是公众、被尊崇者、有教养的公众或一个人民犯的，那么就不但无罪行可言，按照报纸（我们能像依赖福音和启示一样地依赖它们），它们还体现了上帝的意志。怎么会是这样的呢？然而，如果"审判"这个概念相应于单独的个人的话，它就与群众无关。人民可以作为群众被处死、被喷涂、被奉承，简言之，可以被以许多方式像牲畜那样对待，但他们不可能被作为牲畜而受审，因为牲畜不能处于审判之下。不管有多少人被审判,如果这审判要有任何严肃性和真实性的话,那就只有每个个人去受审判。现在的情况是,有如此之多的人有罪,从人的角度看来就不可能进行审判了。这也就是这整个事情被放弃的原因。很明显,不能审判,因为太多的人要受审判;不可能将他们作为一个个单独的个人来对待,所以这**审判**必须被放弃。

在我们当今这个经过了启蒙的时代,所有上帝的拟人概念和上帝具有人类情绪的概念都是不合宜的,可是将上帝设想为一个可与普通的地区审判官或军法官相比的法官的做法却仍然是合宜的。这些寻常的审判官无法处理如此繁杂和拖延的案子,由此得到的结论就是在永恒中情况也是如此。所以,让我们一起抱团儿并保证牧师也以这种方式讲道。如果某个人竟敢不这么说话,蠢到在恐惧与战栗中关切和考虑他自己的生命,那么,除了将他视为一个讨厌的异己者之外,我们大家为了保护我们自身还要将他视为一个疯子;而且,如果必要的话,还可以处死他。如果我们大家一起这么干,就不会出错。认为多数人会犯错误是纯粹的胡说,是个老掉牙的观念。多数人做的就是上帝的意愿。我们不是无经验的毛头小子，我们从经验中得知了这个智慧；我们可不是在空谈，我们是作为有经验的人们在说话。如今，在这个智慧面前，一切人，包括国王、皇帝、精英们，都鞠躬致敬。凭着这个智慧，我们所有的动物一直在被改良着。因此，你可以打赌，上帝也会学着去向它鞠躬致敬的。问题只在于继续成为多数，成为一个抱团儿的大多数；如果我们这么做，那么我们就不怕什么永恒的审判。

好啦，可以设想，如果他们（除了在永恒之中）不作为单独的个人而存在，那么他们就会得到保护。但是，在上帝面前，他们总是单独的个人，坐在一个陈列橱里的人也不会像赤裸裸地面对上帝的人那样感到难堪。这是良心的关系。安排是这样的，通过良心，每一个罪后面都马上跟着关于这罪的报告，而且一定是这犯罪者自己写下了这报告。但它是由看不见的墨水写成，因此只有当它被置于永恒的光亮之中（那时永恒正在审核良心）时，这报告才第一次变得清晰可读。从本性上说来，每个人都带着关于他自身的绝对准确的报告来到永恒之中，那报告上记录着他所犯的或忘记了的最小的琐事。因此，在永恒中，一个孩子也可以主持法庭，根本不需要第三者的见证，因为事无巨细都已记录在案。一个从日常生活驶向永恒的罪人就像那个逃离他的作案现场和他的罪行的谋杀犯，他正坐在一列特快火车上。噫！就在他坐着的沙发之下，电报线正将对他的描述和逮捕令送到下一个火车站。当他到达这火车站和离开这沙发时，就马上被捕了。一切都以这种方式发生，即总是随身带着告发自己的证据。

所以，关于罪的宽恕的绝望乃是冒犯，而冒犯就是罪的强化。人们通常极少想到这一层，绝不认冒犯为罪，也从不谈到这一点；相反，他们说到其中没有冒犯的罪。他们更不会将冒犯视为罪的强化，其原因在于他们心目中的对立者双方不是罪与信仰，而是罪与美德。

丙、肯定性地抛弃基督教之罪，宣称基督教为非真理之罪

这是反对圣灵（the Holy Spirit）之罪。这里，自我处于绝望的最强化形态中。它不仅完全抛弃了基督教，而且将其说成是一种谎言和不真的东西。这自我一定有一个何等可怕的绝望着的自身概

念啊!

罪的强化如果被感受为一场人与上帝之间的改变了战术的战斗,它就相当清楚地显现出来了;这强化是从防守到冒犯的升级。罪是绝望;这里的战斗是通过逃避进行的。接下来的是对于其罪的绝望;这时战斗也是通过逃避或加强人的退却地位进行的,只是这退却总在进行。现在,战术改变了。虽然罪越来越深地向下掘入它自身,并因而进一步远去,在另一个意义上它来到了更近处,越来越坚决地成为它自身。关于罪的宽恕之绝望是一个反对上帝慈悲的明确立场,不只是退却,不只是防御性的行为。诋毁基督教为不真或谎言之罪是进攻性的或冒犯性的战争。在某个意义上,先前讲到的〔罪的〕形式都承认其对手是更强的。但现在,罪采取了进攻的姿态。

反对圣灵之罪是被冒犯的肯定形式。

基督教学说是关于上帝—人(God-man,神人)的教导,关于上帝与人的亲缘关系的教导。但是,请注意,它的特性在于包含了冒犯的可能,如果我可以这么表达的话。上帝就用这种可能性来保护自己,不让人离他过近。冒犯的可能是存在于一切本性为基督教的事情中的辩证因素。没有它，基督教就不仅不再是基督教，而且成为如此荒诞不经的东西，以至异教徒也只能称之为无意义的胡说。任何人从未想到过，人离上帝是如此之近，就如基督教所说的：人能在基督之中来到、敢于来到和应该来到上帝那里。然而，如果这一点被直接地和肤浅地理解而不带有任何保留，并且以一种自骄自傲的态度来看待，那么基督教就发明了一个发疯的上帝，正如我们称异教徒们的各种神是人类的疯狂发明一样。一个还有理智的人必须得出这样的一个结论，即只有一个丧失了理智的上帝才能捏合出这样一种学说。如果这样一位道成了肉身的上帝就这样直截了当地让人与他友好的话，他也就成了莎士比亚笔下〔《亨利四世》剧中〕亨利亲王那样的角色了。

上帝与人的本性被无限多的质的不同区别开来。从人的角度说来，任何忽视这种区别的学说是疯狂，而从神的方面看来，这是亵渎。在异教中，人将上帝变为一个人（所谓人化的上帝）；在基督教中，上帝则使他自身变成了人（所谓上帝—人或神人）。但是，在他仁慈恩典的无限的爱之中，他也还是有一个条件：他无法以其他方式来行之。这正是基督的悲伤之处，"他无法以其他方式来行之"。他可以贬抑自己，以一个仆人的样子出现，受苦，为人而死，让所有人来找他，奉献出他生命中的每一天、每一天中的每一小时，以及他的全部生命；但是，他却不能去掉冒犯的可能性。这是何等罕见的爱的行为，何等深邃的爱的悲伤：就是上帝也不能去掉这样的可能，即这爱的行为在一个人那里颠倒了过来，成为最极端的痛苦。在另一个意义上，这是上帝不想做的，也不能想去做的。人类最大的、甚至大于罪的痛苦莫过于冒犯基督和继续这种冒犯；而基督不能、"爱"也不能使得这种冒犯不可能发生。这样你就可以明了，为什么基督说："那不冒犯我的人有福了。"他不能比这做得更多了。所以，这种情况是可能的，即基督能通过他的爱使一个人痛苦得无以复加，而如果没有这种爱，人绝不会达到如此痛苦的地步。在这爱中有何等不可测的争斗！他在这爱中无心去中断这爱的行为的完成，甚至在它使得一个人无以复加地痛苦的情况下也还是这样！

　　让我们来从人的立场谈论这件事。一个从未被爱情激发起来而宁愿为了这爱情牺牲一切的人，一个因此而从不能够做到这一点的人是何等可怜！然而，假如他发现正是他的发自爱情的牺牲能使另一个人、他所爱的人最不幸的话，那会怎样呢？这就出现了两种可能。首先，他的爱可能会失去弹性，从一种生命力量沉降为自闭和忧思默想；他会放弃这爱，不敢去实施这爱的行为，甚至完全垮掉。正如一个重量被置于一根长竿的一端、而那举它的人只能握住长竿的另一端时，会变得沉重得多，每一种行为如果是辩证的，就会加重不知多少倍；而最沉重者莫过于同情而又辩证的行为，以至于对于被爱者的关切似乎会说服他不去做爱情促使他去做的事情。其次，这爱可能会征服他，他就会出于爱而去冒险行动。然而，就在爱的快乐中（因为爱总是快乐的，特别是当它牺牲了一切时），仍然有一种深沉的悲伤，因为那〔辩证的转换〕确实是可能的！所以，他要完成他的爱的事业，要去做出牺牲（在这牺牲之中，从他那方面来说是欢喜的），但同时也带着泪水：爱就这样翱翔于悲伤之上。它应该被称作什么，这内在生命的历史画面、这凄惨的可能性？尽管如此，如果这爱不是飞翔于悲伤之上，他的行为就不是一个真实的爱的行为。啊，我的朋友，你在你的生命中受到了怎样的考验！绞尽脑汁，敞开你胸膛的每层,暴露出最内在的感情,消除你与你所阅读的人之间的一切隔阂,这时再去读莎士比亚的作品,你就会被其中的冲突而惊呆。但就是莎士比亚也似乎从根本的宗教冲突那里退缩。的确,这样的冲突可能只能在上帝的语言中被表达出来。人类存在者不可能说出这种语言。正如一位古希腊人如此出色地表达过的:人从人们那里学会说话,从神那里学会沉默。

在上帝与人之间存在的无限的本质区别构成了冒犯的可能,它是不能被去掉的。出于爱,上帝成为人。他说:这里你们看到做一个人类存在者是什么样子;但他又补充道:小心啊,因为我也是上帝——那不冒犯我者是有福的。作为一个人,他以低微的仆人身份出现;这表明了做一个微不足道的人的含义,使得没有人会觉得自己是被排斥于外的,也使得没有人能认为人类的身份和名声可以使一个人离上帝更近。不,基督是这样一个微不足道的人。他就以这种方式而说到并且确切地知道做一个人类存在者是什么样子;但他还说:要小心,因为我也是上帝——那不冒犯我者是有福的。或者反过来讲:天父与我为一;但我又是这简单的、微不足道的人,贫穷、被抛弃、任由人的暴力摆布——那不冒犯我者是有福的。我，这个微不足道的人，就是那使聋子听见、使瞎子看见、使残废者行走、使患麻风者洁净、使死者重生者——那不冒犯我者是有福的。

因此，以最郑重的态度，我斗胆来说这样的话："那不冒犯我者是有福的"这句话属于基督的自白，它的表达方式如果不是关于《圣经》晚餐礼仪的表达的话，也一定像"让每个人检查他自己"[1]这样的表达方式一样。这是基督自己的话，它必须被一而再，再而三地宣告出来，特别是在基督教世界里，它必须被重复并被传达到每个个人。无论何处[2]，只要这话没有被宣告出来，或者，只要基督教的现实存在没有被这个思想处处贯穿，那么基督教就成了亵渎。没有任何保镖和仆人为他准备好道路，以使得人们意识到将来到的是谁，基督就以一个低微仆人的身份走进了人间。但这冒犯的可能性（这对于处在爱中的他是什么样的一种悲伤！）护卫着他，确定了他与哪怕是离他最近的人之间的无底深渊。

那不冒犯的人在信仰中**崇拜着**（worship）。然

---

1. 《圣经·马太福音》第11章第6节。
2. 《圣经·哥林多前书》第11章第28节。

而，崇拜就是对信仰的表达。它表达的是：那在上帝与人之间的无限的、断裂的、本质性的深渊被确立了，其原因就在于，在信仰中，冒犯的可能性又是这个辩证的因素。

这里讨论的冒犯的种类是肯定性的。它断言基督教不是真理而是谎言，并且对基督也说同样的话。

为了刻画这种冒犯，最好是去看一下冒犯的不同形式；冒犯主要与反论（基督）有关，并因此而出自每一个关于其本性为基督教的事情的决定，因为每一个这样的决定都与基督相关，在心中有着基督。

从人类角度看来，冒犯的最低形式、也就是最无知寡罪的形式是对于涉及基督的全部问题不做决定，即采取这样的态度：我对于此事不打算做任何决定。我并不相信，但我并不要决定任何东西。大多数人并不意识到这是一种冒犯，因为他们完全忘记了基督教的"你应该"的训示。所以，他们看不到这对于基督的中性态度也是冒犯。基督教被向你宣示，这就意味着你应该对基督有一种看法。他存在，或他存在着以及他已经存在了的事实是关于所有存在的决定。如果基督教已向你公开，则"我对于它不要有任何看法"的说法就是冒犯了。

在这样一个基督教的宣道变得如此低劣的时代，这一点必须在某些限制中被理解。无疑今天有许许多多的人已听到了基督教的宣教但却从未听到过这个"应该"。但是，如果一个已经听到了它的人说"我不要对它有任何看法"，那他就冒犯了。这实际上正是在否定基督的神性，否定他有权要求一个人应该对此事有一个看法。他这么说也没有用处："我没有说任何东西，对于基督我既没有说'是'也没有说'非'。"因为接下来的问题就是：关于你是否*应该*对基督有一种看法，你难道没有看法吗？如果他的回答是"我对此有看法"，那他就把自己绕了进去；如果他的回答是"我对此并无看法"，那么基督教对他而言就还是形成了一个决定，即他*应该*对于此事以及对于基督有某种看法，没有人可以假想他能在悬而不决的好奇状态中离开基督的生命。上帝让他自己出生于世而为人，这绝非一个无根据的奇思怪想，或他要有所作为时恰巧碰上了的荒唐念头。按照某种无礼的说法，做个上帝一定会感到无聊，以致他多半会做某种事情来打发掉这无聊。可上帝入世为人却绝不是为了去冒险求刺激。不，当上帝这么做时，这个事实是〔上帝对于人的〕生存的热诚关切。反过来讲，在这种热诚关切中的热诚关切就是：每个人都**应该**对于这件事有个看法。当一位国王造访一个省里的小城镇，如果一位官员没有任何充足理由地不对他表示敬意，就会被视之为一种冒犯；那么，如果某人完全忽视国王就在此城镇中的事实，并以平民的口吻说"谁管他什么陛下和王法"，这国王又会作何想呢？涉及上帝，情况也是如此。上帝要成为人，于是，某人（正如官员面对国王，每个人都面对上帝）就要说：唔，我对这事不想有任何看法。这就是一个人自负地谈及他所忽视者的方式，并因此而自负地忽视了上帝。

冒犯的另一种形式是否定性的，但却以被动的和受折磨的方式出现。它明确地感到它不能忽视基督，不能置基督于不顾而过其忙碌的生活。但它也达不到信，而只能固执地和不顾一切地盯住一点，也就是盯住有反论之处或有悖论处。就其认为"你将基督看作什么？"实际上是一切问题中的最关键者来说，这种态度是尊重基督教的。一个如此被冒犯的人活得像一个影子；他的生活由于他不断地深陷于和沉迷于这个决定之中而被蹂躏。以这种方式，他表达出了基督教具有什么样的实在（正如不幸福的爱中的痛苦与爱的关系那样）。

冒犯的最后一种形式就是这一节中所讨论的，即其肯定的形式。它宣称基督教为不真的谎言；它或者以假现说（docetically）或者站在理性主义立场上来否定基督，否认基督存在过并否认他正是他自己所说的那个样子。按照它的看法，基督或者并未成为一个个别的人类存在者，而只是在表面上显得如此，或者只成为一个个别的人类存在者。因此，他或是假现为人，关于他的说法只是虚构和神话，与现实毫无关系；或者，他在理性主义的意义上是实际的，但却与神圣无关。当然，在这个将基督作为此反论而否定之中，也包含着对所有基督教的根本特点的否定：罪、对于罪的赦免，等等。

这种冒犯形式是反对圣灵之罪。正如犹太人说基督是靠魔鬼的帮助而驱走魔鬼，这种冒犯将基督说成是魔鬼所为。

这种冒犯是罪的最高强化，而这一点常常被忽视，因为这里的对立双方没有按照基督教的观点被视为罪与信仰的对立。

然而，这样一个〔罪与信仰的〕对比贯穿了这整本书。此书的一开头的第一部分（A，甲）就引入了表述这样一种完全没有绝望的状态的公式，即在自身关联中并在要成为自身的意愿之中，这自我完全彻底地依止于建立它的力量。而且，正如一再指出的，这个公式就是对于信仰的定义。

图书在版编目（CIP）数据

致死的疾病 /（丹）索伦·克尔凯郭尔著；张祥龙，王建军译. —北京：商务印书馆，2023
（伟大的思想. 第一辑）
ISBN 978-7-100-22297-6

Ⅰ.①致… Ⅱ.①索… ②张… ③王… Ⅲ.①克尔凯郭尔(Kierkegaard, Soeren 1813-1855) — 哲学思想 Ⅳ.①B534

中国国家版本馆CIP数据核字（2023）第062105号

权利保留，侵权必究。

伟大的思想 第一辑
致 死 的 疾 病
〔丹〕索伦·克尔凯郭尔 著
张祥龙 王建军 译

商 务 印 书 馆 出 版
（北京王府井大街36号 邮政编码100710）
商 务 印 书 馆 发 行
山 东 临 沂 新 华 印 刷 物 流
集 团 有 限 责 任 公 司 印 刷
ISBN 978-7-100-22297-6

2023年9月第1版	开本 787×1092 1/32
2023年9月第1次印刷	印张 46¾

定价：260.00元（全十册）